KB167960

오늘도
두 번째 하루를
살고
있습니다

오늘도 두 번째 하루를 살고 있습니다

프로방스

'왜 우리가 영화를 볼까'에 대한 따뜻하고 섬세한 답변

영화블로거 레드써니(R군)

영화의 만족도가 점수와 별점 싸움으로 번진 이 때, 이동기 작가의 새 책은 논쟁 보다는 미소, 비판보다는 행복한 에너지가 넘친다. 고향에 온 듯 한 포근함이 느껴진다면 너무 오버일까? 작가가 정성 들여 쓴 한 문장이 영화 보기의 피곤함을 리프레쉬하며 상쾌한 기분도 함께 든다. 더 나아가 우리가 영화를 보는 이유가 뭘까 라는 원론적인 질문에까지 도달한다. 한 마디로 이 책은 간결하면서도 차분한 문체로 영화를 사랑하는 사람의 본심이 담겨 있다. 어떤 점은 좋고, 어떤 점은 나쁘다 같은 냉정한 평가가 아닌, 편안한 마음으로 영화를 보고 그 안에 숨은 따뜻한 기운에 몸을 맡기고 미소를 짓게 한다. 그렇게 이동기 작가의 '좋은 생각' 든 수 십 편의 영화에세이를 다 보고 난 뒤 드는 생각 하나, "그래, 이게 바로 우리가 영화를 보는 이유지”.

작가에 대한 감탄과 함께 솔직하게 질투도 많이 난다. ‘그의 머릿속과 마음에는 무엇이 들어 있기에 이토록 아름다운 생각으로 글을 쓸 수 있을까.’하고 말이다. 나에게는 없는 재능이라 조금의 질투와 아주 많은 부러움을 함께 섞으며 한 글자 한 글자를 마음속에 새겨본다. 이 기분 좋은 깨달음 속에 제목을 다시 한 번 생각해본다. 그렇게 두 번째 하루를 살아가는 것처럼, 이 책을 통해 어쩌면 우리는 영화에 대한 ‘두 번째 사랑’을 만날지도 모르겠다.

비포(Before)와 애프터(After)가 명확하게 구분되는 순간의 전달

영화에디터 지한솔(곰솔이)

한 편의 영화를 만난 뒤의 관객들은 영화 사이트에 별점을 체크하거나, 자신의 SNS 채널에 다양한 형식의 리뷰를 게시하며 영화에 대한 자신만의 견해를 늘여놓는다. 그만큼 손쉽게 영화에 대한 수많은 단상들을 접할 수 있는 시대, 『오늘도 두 번째 하루를 살고 있습니다』는 각각의 영화에 인간의 삶을 곁들인, 이동기 작가의 진솔하고도 깊이 있는 영화에세이라는 점에서 눈에 띄는 독창성을 지니고 있다. 〈인시던트〉로 시작되어 〈스타 이즈 본〉으로 끝나는, 총 44편의 영화를 다뤄낸 영화에세이 『오늘도 두 번째 하루를 살고 있습니다』는 작가가 말하는 영화를 관람한 관객에게는 영화를 볼 땐 미처 보지 못했거나 생각하지 못했던 것을 바라보게 해주는 예리한 분석을 통해 시야를 확장 시켜준다. 반대로 아직 영화를 관람하지 않은 관객에게는 해당 영화를 관람하고 싶게 만들어주는 삶의 이야기로 흥미를 돋운다. 그만큼 작가의 마음 깊이에서 우러나온 생각과 입체적인 시선이 곁들여진 표현, 그리고 이것들이 모여 완성된 각각의 문장들이 작가의 영화 이야기에 빨려 들어가도록 만든다.

『오늘도 두 번째 하루를 살고 있습니다』는 이동기 작가만이 지닌 방식으로 풀어낸 영화와 이를 매개체로 삶과 세상을 바라보는 에세이다. "시간의 흐름을 영상에 담아내는 것만큼 '비포(Before)'와 '애프터(After)'가 명확하게 구분되는 순간도 드물다."라고 말하는 그의 말처럼, 아마 이 책을 만나는 독자들 또한 이 책을 만나기 전과 후가 명확하게 구분되지 않을까. 그만큼 영화를 더 잘 보고, 그에 대한 생각을 더 잘 표현하고 싶어지도록 만든다. 영화를 좋아하는 관객으로서 영화의 단편적인 것에 국한되지 않는 시야를 가진 관객 이동기의 시선이 부럽다. 글을 쓰는 에디터로서 자신의 생각을 글로 풀어내는 작가 이동기의 필력 또한 부럽다. 자신의 생각을 온전히 표현하고, 글로 담아내는 것이 어려운 과정이라는 것을 알기에, 『오늘도 두 번째 하루를 살고 있습니다』는 그의 마음에 담아둔 영화, 그리고 그에 대한 생각과 그 마음들을 더 듣고 싶도록 만들었다.

prologue

두 번째 하루를 견뎌내며

청춘이 있었다. 책가방을 잔뜩 짊어 메고 귀에 이어폰을 꽂고는 워크맨을 들으며 지하철을 타곤 했던 그때가 있었다. 언젠가 늦은 퇴근길, 아파트 주차장에 차를 세우고, 혼자서 조용히 음악을 들은 적이 있다. 문득 주변의 소음 없이 오로지 음악 소리만이 내 귀를 감싼 채 그렇게 멜로디에 집중한 적이 있었나 싶었다. 인터넷이 아무리 발달해도 과거를 마음껏 끌어올 수는 없다. 학창 시절 귀가 빠지도록 들었던 소니 WM-FX707이 그리워 검색을 해보니 자료가 별로 남아 있지 않다. 조그만 워크맨 하나에 기뻐 날뛰던 그때 그 청춘의 한 자락이 어느 날 갑자기 그리워지는 것. 그래서 〈응답하라〉 시리즈가 그렇게 인기를 끌었나 보다. 어른이 되고, 못 되고의 차이는 아마도 선택에서 나오는 것 같다. 어린 시절엔 그저 시키는 대로 공부하고 학교에 진학했지만, 어른이 되면서부터는 모든 게 자신의 선택에 기인해서다. 그런데, 이 '선택'이라는 게 참 무섭다.

메릴 스트립이 주연을 맡은 〈소피의 선택〉(1982)이라는 영화가 있다. 2차 세계대전 아우슈비츠 수용소에 끌려가던 아들과 딸, 두 아이의 엄마가 나치 장교의 협박에 못 이겨 둘 중 한 아이를 사지(死地)로 내모는 선택을 한다. 비극으로 끝나버린 그녀의 선택에 누가 돌을 던질 수 있을까? 삶에서 선택은 언제나 어려운 문제다. 1993년 TV 예능 프로그램 〈일요일 일요일 밤에〉를 통해 소개된 'TV인생극장'에서 개그맨 이휘재는 매주 주먹을 꽉 쥐고 "그래, 결심했어."를 열심히 외쳐댔다. 그가 선택한 인생은 어떤 결정이었건 좋은 결과로 이어지지는 않았던 것 같다. 선택의 순간이 인생의 방향을 바꿨을지언정, 그 결과가 긍정과 부정, 혹은 선과 악으로 완전히 구분되지는 않았던 탓이다. 나는 소피의 그 선택을 진심으로 존중한다. 영화의 마지막 장면이 관객에게 전하는 건 단지 한 여인의 삶의 슬픈 색깔을 이해해달라는 게 아니라, 그녀의 삶을 진심으로 존중해달라는 목소리로 다가오기 때문이다.

인생은 이리저리 흐르는 선택의 반복이고, 이 연속된 흐름 속에서 우리는 결말이 나뉘는 경우의 수를 마구 늘려 간다. 그래서 이 영화는 더더욱 존중받아 마땅하다. 슬픔이 더해질수록 아름답게 느껴진다. 삶에 있어 선택은, 이처럼 잘하고 못하고를 떠나 존중받을 만한 가치가 있음을 입증하는 과정이다. 우리는 영화를 통해 항상 무언가를 얻고 배운다. 하지만 영화가 우리에게 시사(示唆)하는 건 언제나 거창하고 무거운 것만은 아니다. 시시하고 재미없는 그저 단순한 이야기에 불과할지라도 이를 통해 우리는 여러 색깔의 삶이 오가고 마주하는 것들을 받아들일 수 있다. 그게 영화를 읽어내는 친절하고 정확한 해석은 아니지만, 적어도 이를 통해 삶을 존중하는 태도를 보이게 된다면 그것만으로도 충분하지 않을까? 따지고 보면 정답은 없다. 단지 인생을 풀어가는 해답만 존재할 뿐이다. 각자가 흩뜨려 놓은 가지각색의 색깔 속에서 굳이 우위를 점하고자 노력하는 게 더 앳된 어리석음으로 드러나는 이유다.

그녀의 선택이 존중받아야 한다고 얘기하는 건 바로 이 때문이다. 내게 있어 청춘을 그리워하는 이유는 그런 것 같다. 단지 지나간 추억을 끄집어내기 위함이 아니라 내가 택한 선택과 그 선택이 주는 삶의 무게, 여기에 덧대어진 시선으로부터의 자유로움이다. 혹자는 세상을 등에 대고 비겁한 처사가 아니냐고 할 수도 있겠고, 또 누군가는 과거보다 미래를 얘기하는 자를 가까이하라고 하기도 했다. 하지만 내게 있어 청춘은 서랍 속 고이 모셔둔 옛 일기장이나 낡은 사진첩과도 같다. 이렇듯 어릴 적 좋아했던 비엔나 아이스크림이 떠올라 사진 한 번 찾아보곤, 정말 맛있었는데 하며 군침을 삼키는 그런 거다. 어쩌면 오늘도 그 청춘이 그리워 여전히 두 번째 하루를 살아가고 있는지도 모른다. 이 책을 찾는 이들의 두 번째 하루에도 그 청춘의 흔적이 깊숙이 새겨지기를….

2022년 6월

내 머릿속 지우개를 여전히 부둥켜 쥐고서

삶이 영화와 같다면 *Scene 1*

영화라서 다행이야 *Scene 2*

영화에 쉼표 하나 Scene 3

영화가 되어버린 우리 Scene 4

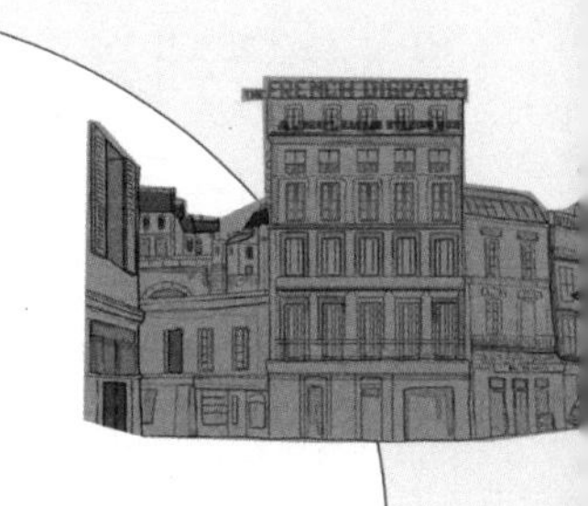

Scene 1

삶이 영화와 같다면

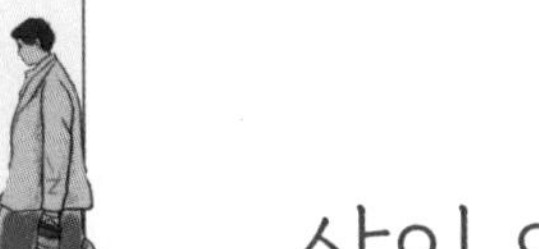

기억의
굴레,
그 틀로부터

인시던트 The Incident, 2014

해묵은 앨범을 다시 꺼내 보는 게 어떤 의미인지를 기억한다. 과거에 남겨두고 온 미련, 추억에 대한 그리움, 일상으로부터의 도피. 이외에도 다른 이유가 있겠지만, 하나의 행위가 개인에게 전달하는 각각의 메시지는 아마도 달리 다가오지 않을까? 이를 단순히 재미난 영역의 시각으로 치부해선 안 된다. 내가 만드는 현재는 시간이 흐르고 나면 또 다른 과거로 자리할 테니까. 어쨌든 우리는 태어나는 그 순간부터 정해진 끝을 향해 달려가고 있고, 그렇기에 지금 주어진 이 순간을 보다 의미 있게 살아가야 할 이유가 있다. 그 방향에는 '위'가 있고 '아래'가 있다.

조금만 시선을 돌려 보면 '앞'과 '뒤', 그리고 '좌', '우'도 존재한다. 어떤 이유로 어떠한 방향을 향해 달려갈지는 자신에게 달렸다. 솔직히 매일 아침, 눈을 뜰 때마다 이 문제를 심각하게 고심하곤 한다. 오늘 해야 할 쌓여 있는 일들, 이를 처리하고 나면 또 다른 일들이 눈앞에 놓이게 되는 현실들. 시간이 지나고 삶을 되돌아볼 때 나는 어떤 생각에 잠기게 될 것인가? 현실로 되돌아오는 순간, 우린 과연 현대인의 어떤 부분에 그 이상의 의미를 부여할 수 있을까?

삶의 무게를 이와 같은 방식으로 평가하고 어떤 목적을 굳이 끄집어내어 끝을 향해 달려가기엔 삶이 우리를 주목하는 그 시선이 여간 따갑지 않다. 앨범을 꺼내 들고 과거를 돌이키고 지나간 것들을 그리워하고, 한때 울컥하는 그 감정도 모두 삶을 제대로 직시하지 못해서다. 또 다른 측면에서는 현대인의 필수 콘텐츠인 SNS도 이에 속한다. 개인의 일상을 담아내고 사람들에게 이를 널리 알리고 공유하며 소통을 시도하는 지극히 개인적인 수단조차도, 결국엔 자신의 삶에 의미를 부여하는 과정이다. 흔한

'좋아요'와 '댓글'의 의미가 때로는 금전적인 가치로 변질했을지라도, 이조차 소통을 위한 긍정과 부정의 손짓이라는 점은 변함없다. 삶이 원래 그런 거라고 치부한다면 처음부터 할 말은 없지만 말이다. 영화 〈인시던트〉(2014)는 삶의 현재를 놓고 이야기하기엔 더할 나위 없이 좋은 구성을 제시한 작품이다. 감독 아이작 에즈반은 삶의 역동성을 추구하는 연출을 즐기는 편이다.

그의 최근 작품 〈인투 더 미러〉(2021)는 사회의 올가미에 지쳐가는 청춘의 분노를 거울에 빗대어 표현했으며, 〈얼굴 없는 밤〉(2015) 또한 자신을 잃어가는 사람들의 내면을 다른 형식의 공포와 연결 지었다. 이처럼 개인의 삶을 집요하게 물고 들어가는 감독의 특성상, 이 영화는 그 사이에 놓인 두 가지 이야기가 명확한 선을 이룬다. 하나는 '위'와 '아래'로 연결된 수직선 위의 이야기다. 형제 올리버(페르난도 알바레스 레베일 분)와 카를로스(훔베르토 부스토 분)는 형사 마르코(라울 멘데즈 분)에게 쫓기다가 건물의 비상계단으로 도망치게 된다. 마르코의 추격을 피해 아래로 계속해서 내려가던 중, 마르코가 쏜 총에 형 카를로스가 중상을 입게 되고, 그들은 속도를 내어 도망쳐 보지만 내려갈수록 도저히 출구가 나타나지 않는 기이한 현상을 맞이한다.

그들이 마주한 이야기는 '위'와 '아래'의 경계를 구분하지 않은 채, 삶의 영역을 묘한 기제로 형성시킨다. 이윽고 시간은 훌쩍 넘어 카를로스의 시신은 이미 유골이 되어버린 지 오래고, 동생 올리버는 스스로를 단련하며 살아남기 위해 계속 노력하고 있다. 형사 마르코는 백발의 노인이 되어 올리버의 도움 없이는 거동조차 어려운 형국이다. 결국 그가 숨을 거두기 전 올리버에게 건넨 한 마디, 오랜 기억 속에 머무른 그의 삶을 가둔 그 단서가 올리버에게 또 다른 삶의 시작으로 넘어서는 새로운 메시지로 작용한다. 흡사 뫼비우스의 띠처럼 반복된 삶의 영역을 이루는 계단은 그들의 내면에 박혀있는 하나의 상처가 되어버렸다. 결국 그들은 그 경계를 쉽게 벗어나지 못하며 그 영역은 화면 속에서 자신의 삶 속 어느 순간 발생한 또 다른 형태의 기제로 표현된다. 마치 우리의 삶 또한 이와 똑같이 반복된 굴레를 여전히 벗어나지 못하는 것처럼 말이다.

두 번째 이야기는 로베르토(헤르난 멘도자 분)와 그의 아내 샌드라(네일레아 노빈드 분)가 자신의 아이 둘과 함께 여행을 떠나는 장면으로 시작된다. 길을 가던 도중 그들은 어느 휴게소에 들렀다가 실수로 천식이 있는 딸에게 알레르기가 있는 음료를 먹이게 되고, 미처 챙기지 못한 천식기를 가지러 집으로 돌아가려 하지만 출구를 찾을 수 없는 기이한 현상을 마주한다. 아무리 애를 써봐도 눈앞에 놓인 길에서 쉽게 빠져나갈 수 없는 이들의 삶은 어느새 오랜 시간을 거쳐 대부분 죽음을 맞이하고, 유일하게 삶을 지탱해 온 아들이 혼자 살아남아 지옥 같은 미로에서 벗어나 새로운 길을 나선다. 수평적인 삶의 여정을 배경으로 한 두 번째 이야기 또한 삶의 한 영역에 내재한 또 다른 기폭제의 존재를 드러낸다. 영화 속 두 이야기에서 발생하는 인시던트(Incident)는 이처럼 우연의 영역을 벗어나 발생하는 듯하다. 어떤 지점에서 파생되는 충격이 또 다른 삶의 방향을 비튼다는 얘기이다.

이는 우리가 가볍게 내뱉는 '말'이 될 수도, 혹은 하나의 '행동'으로 표출될 수도 있다. 결국 가볍게 지나쳐버리는 하나의 '스팟(Spot)'이 누군가에게는 그 자체로 트라우마를 형성시킬 수 있음을 화면은 넌지시 던지고 있다. 앞에서 언급했듯, 우리는 과거로부터 좋은 추억, 나쁜 기억 등을 끄집어내지만, 단순히 기억의 저편을 넘나드는 행위로서의 그것으로 치부하기엔 그 경계는 보다 세밀하고, 보다 강렬하다. 아이작 에즈반 감독은 그 강력한 충격의 강도를 어떤 면에서는 수직적인 높낮이로 규모의 영역을 표현했으며, 또 다른 측면에서는 수평적인 거리로 시간의 길이를 주장하고 있는 것으로 생각된다. 어느 순간의 충격이 개인의 내면에 만들어 낸 트라우마의 그것은, 타인이 상상하는 것 이상으로 크고 넓으며 깊고도 강렬하다. 광범위한 영역의 경계는 영화가 얘기하는 메시지가 담고 있는 내러티브를 온전히 수용하지 않지만, 결국 이 또한 완벽한 치유가 완성될 수 없음을 감독은 치밀한 구성과 서사를 통해 에둘러 이야기한다.

영화 〈인시던트〉는 이처럼 두 가지 이야기의 배열로 그 충격을 관객들에게 강렬하게 전하지만, 결코 이 사건들이 우연에 의한 것이 아니며 삶의 한 가운데에 냉정하게 자리하고 있음을 강하게 주장하는 작품이다. 이는 개인이 풀어내는 것 이상의 규모를 갖고 있고, 그래서 우리가 관계에 있어 지향하는 소통 이상의 것을 항상 경계해야 한다는 사실을 내포하고 있다고 얘기할 수 있겠다. 우리는 과거를 돌아보고 이를 통해 현재를 형성하고, 미래를 만들어야 할 삶의 긴 연장선을 매일 같이 주목한다. 하지만 그 삶조차도 누군가와의 관계, 또 다른 영역의 한 축을 포함하고 있다는 사실을 인지한다면, 삶의 무게를 새롭게 느껴볼 수 있을 것이다. 이야기가 잇고 있는 하나의 틀, 이를 넘어선 결말의 반전보다도 러닝 타임 내내 표현되는 삶의 도돌이표, 그리고 그들이 인내하는 삶의 의미에 주목하며 영화를 받아들일 수 있다면, 어쩌면 현실 속 우리 삶을 더욱 새롭게 재구성할 수 있는 기회가 되지 않을까.

죽음을 이해하는
우리의 시선

올드 Old, 2021

간혹 나이를 먹는 것에 대해 생각에 빠질 때가 있다. 죽음이 가까워지는 것에 대한 두려움만은 아니다. 오히려 '나이' 그 자체가 가진 것에 대한 의미 부여라고 봐도 좋겠다. 어차피 시간의 흐름을 두고 파생적인 의미를 억지로 집어넣는 것에 불과할지라도 말이다. 어쩌면 이는 나무의 나이테와 같이 우리가 인생을 살아가면서 취하고 득하는 어떠한 유형의 행위에 그저 그칠지도 모르겠다. 사실 '죽음' 자체를 두고 두려워한 적은 없는데, 어차피 잠깐의 고통에 그칠 뿐 사람들에게 오히려 '죽음'은 '헤어짐'에 대한 접근이라는 생각 때문이다. 이별이 가져오는 개념을 어떠한 형태로 해석하느냐에 따라 부닥치는 삶에 대한 시선은 여전히 두렵다. 그게 어떤 면에서 영화를 두고 던지는 직선적인 의미가 될 수도 있다. 지나간 것에 대한 아쉬움, 스쳐 지나가는 찰나의 것들, 그리고 아직 오지 않은 것을 기다리는 두려움 말이다. 이게 바로 우리가 '영화'를 놓고 삶을 해석하는 방식이 아닐까.

M.나이트 샤말란 감독이 영화의 반전을 풀어내는 스타일은 언제나 독특하다. 오랜 기간, 보여준 그 날카로운 시선의 끝은 언제나 사회를 응시하는 개인적인 그의 철학을 화면 곳곳에 남겨두기도 한다. 그는 화면 속 배우들을 마치 체스 경기의 말처럼 종횡무진 이동시키기도 하고, 달리고 쓰러뜨리는 여러 묘수 사이에서 전체적인 흐름을 읽어내기 어렵게 만들어 버리는 가려진 전략을 펼치는 독특한 재주가 있다. 영화 〈올드〉(2021)도 그 배경은 평범한 일상의 흐름으로 시작하지만, 그 속에 '시간'을 읽어내는 삶에 대한 날카로운 이해가 숨어있고, 이를 위한 풀이로 체스판 위 경주마를 적절히 배치하고 있는 꼴이라는 생각이다. 여기에 래퍼 미드사이즈드 세단(아론 피에르 분)의 등

장은 경기의 시작을 알리는 돌과도 같았고, 트렌트(알렉스 울프 분)와 카라(엘리자 스캔런 분) 사이에서 새 생명의 탄생과 죽음은 마치 시곗바늘이 여지없이 움직이듯 '시간'에 대한 자신의 생각을 직설적으로 드러낼 줄 안다.

하루 남짓한 시간에 인간의 삶을 오롯이 담아내는 게 결코 쉬운 일은 아니지만, 감독은 보다 단편적이고 사실적인 문장만으로 화면을 꽉꽉 채워 넣었다. 이를테면 해변에 모인 이들의 교집합으로 이가 빠진 모양을 비춰낸 것이 단적인 예다. 이혼을 앞둔 가이와 프리스카 부부, 건강을 챙기는 찰스와 크리스탈 부부, 그리고 아내의 뇌전증으로 고통받는 재린과 패트리샤 부부 말이다. 쉽게 말해, 시간의 소용돌이에 갇혀버린 해변에 초대받은 이들은 모두가 심신의 고통을 직접적으로 마주하고 있는 이들이고, 그들이 해변에 발을 들이는 순간부터 그 경계가 절묘하게 무너지고 있다는 사실이다. 이는 자신만의 시각에 좁아져 버린 그들의 영역이 하나의 틀 안에서 공유되며 이전보다 확장된 시각으로 이어지는 새로운 의미를 형성하게 되는 순간이다. 이러한 경계의 틀은 서로 대비되는

모양에서 좀 더 구체화한다. 트렌트와 카라가 낳은 아기는 태어나자마자 죽음을 맞이하게 되는데, 출생과 죽음의 경계가 무너짐으로써 삶의 균형을 표현하는 좋은 예가 아닐 수 없겠다.

또한 의사로서 집단 속 리더를 자처하고 나서지만 정작 자신의 질병을 고치지 못한 찰스(루퍼스 스웰 분), 그리고 건강과 외모를 유독 신경 쓰지만 죽음 앞에서는 정반대의 외모를 표출한 크리스탈(애비 리 커쇼 분)도 여기에 해당한다고 볼 수 있다. 보다 구체적으로는 가이(가엘 가르시아 베르날 분)가 시간이 흘러가면서 '시력'을 잃어가는 것에 비해 그의 아내 프리스카(빅키 크리엡스 분)는 '청력'을 잃어가는 것 또한 주목할 만한 부분이다. 한 인간으로서 삶을 살아감에 있어서 어떤 이는 자신만을 돌이키며 타인을 돌아보지 못하고, 어떤 이는 눈과 귀를 닫고 지내며 일방적인 소통만을 제시하며, 또 다른 이는 아무런 생각과 계획 없이 무모한 도전만을 선택하는 모습을 취하기 때문이다. 그들에게 있어 '시간'이란 여태껏 절대적인 고려 대상이 아니었으며, 현실 속 자신을 정의하는 모든 것에만 정신이 팔려있는 모습이었다. 결국 감독은 시간이 흐르는 과정에서 사람들이 하나둘씩 늙어가는 면면의 인상을 겉으로 드러나는 표면적인 외모뿐만 아니라 개개인의 성향을 통해 내면적인 표출을 시도한 것으로 보인다. 이는 화면 속 몇 안 되는 직접적인 표출 방식에 포함된다는 점에서, 영화가 가진 솔직함에 무게를 더하고 있지 않나 하는 생각이다.

어쩌면 처음부터 영화가 달려가는 결말의 방향은 이미 정해져 있었다고 봐도 좋다. 나이를 먹지 않고 순수한 시선만을 통했을 때 어렵지 않게 받아들일 수 있었던 이들립의 암호 쪽지는 아이들의 시선에서 바라보고 이해한 삶에 대한 해석이었다. 그들의 눈길이 향했던 '산호'는 대부분 군체를 이뤄 산호초를 형성하며 성장하는 동물이다. 더군다나 우리나라를 비롯해 여러 나라에서 약용되거나 보석으로 여겨지는 만큼, 영화 속에서 '산호'가 의미하는 건 보다 명확하고 분명해진다. 삶의 단면을 바라볼 때 쉽게 해석되지 않는 소통의 경계는 개개인의 시선에서 분산되고 흩어지기 마련이지만, 일생이라는 짧은 삶을 시간의 흐름으로 이해한다면 서로가 가진 삶의 무게와 의미를 좀 더 강조할 수 있다는 측면이 바로 그것이다. 어차피 영화가 '시간'을 주제로 이야기를 풀어내고 있다는 점과 '시간' 앞에서 나약해질 수밖에 없는 인간의 삶을 담아내고자 한 시도를 고려한다면, 이미 풀어낼 수 있는 결과와 메시지는 분명하고도 또 빈약할 수밖에 없다. 거듭 바라보는 우리의 시선에 이전보다 굵은 밑줄이 그어지는 또 하나의 이유가 되겠다.

영화의 틀을 구성하는 측면은 공교롭게도 황동혁 감독의 〈오징어 게임〉(2021)과 크게 유사한 편이다. 절대적인 사회적 약자로 치부되는 이들이 한자리에 모여 삶의 균형을 놓고 심리 대결을 서두르는 모양새는 엇비슷한 구성을 드러내고 있기 때문이다. 물론 사회의 틀을 표현하는 그 자체로서의 구성의 경계가 크게 차이 나지 않기도 하지만, 그 과정에서 선(善)과 악(惡)을 구분하고 우리가 취해야 할 겉 부분을 살짝씩 건드리는 점에서, 어찌 보면 두 작품이 지향하는 방향이 유독 같지 않을까 하는 생각이다. 감독은 반전 영화에 능숙한 것 치고는 이번 작품을 통해 꽤 솔직한 표현을 아끼지 않았다. 한편으로 원작에 충실하고 각 인물의 역할에 몰입하고자 한 의도로서 이해되지만, 그럼에도 영화로서의 스펙터클하고 긴장을 조여주는 매력은 이전에 비해 다소 아쉽지 않았나 싶다. 영화 〈올드〉가 취한 전형적인 구성은 '시간'의 흐름을 배경으로 '삶'을 이해하고, 그 삶 속에서 우리가 지향해야 할 부분을 명확하게 건드리고 있지만, 개개인의 삶은 결과를 알 수 없는 모호하고 무한한 가능성을 내포하고 있기에, 삶이 가진 무게와 가치가 더욱 조명받게 되는 것이 아닐까. 어차피 시간은 흘러가는 것이고, 그 시간을 활용하는 주체는 우리 자신이니까 말이다.

그 곳에서의 강한 울림

트라이얼 오브 더 시카고 7

The Trial of the Chicago 7, 2020

1868년 영국 의회 연설을 통해 경제학자 존 스튜어트 밀이 처음으로 언급한 '디스토피아(dystopia)'의 개념은 현재에 이어지면서 많은 작가의 사회 비판적 개념으로 통용되고 있다. 이를테면 사회주의자이자 소설가로 활동했던 조지 오웰 또한 그의 작품 〈1984〉(1949)를 통해 거대 지배 체제가 사회를 전체주의로 물들이는 상황을 강하게 비판했는데, 그 속에서 인간이 가진 존엄성과 자유 의지가 파멸되어가는 과정을 구체적으로 묘사하기도 했다. 그가 그린 〈1984〉의 세계는 인간의 육체적 정신적 감정과 사고까지도 철저하게 당(黨)에 의해 지배받는 모습을 비춘다. 아마도 그는 이를 통해 디스토피아적 세계관의 정체성을 강렬하게 주장하고 싶어 했던 듯하다. 정치적 개입이 선행된 판단과 평가는 공정한 룰을 적용하기 어렵다. 이는 앞에서 언급한 사회적 구조의 한 틀에서 비롯되기에 어떠한 사회이든지 이러한 과정을 거치고 있는 것처럼 보인다. 거대 미국의 역사 또한 그 이면에는 언제나 아래를 내려다보는 이들의 시각에 의해 상반된 구조에 놓인 이들의 위험을 초래하는 경우가 많았다.

특정한 시선에서 가상의 구조가 반드시 현실과 괴리를 내세우는 건 아니다. 오히려 현실의 세밀한 구석을 최대한 사실적으로 표현해, 이를 접하는 이들에게 설득력을 부과하기도 한다. 격동의 변화기를 겪고 있던 1960년대는 냉전체제를 거치며 사회를 채워주던 모든 이들의 목숨을 담보로 상당한 위험 부담을 떠안고 도박을 하고 있었던 시기이기도 하다. 미국은 그 영향력을 확장하고자 베트남전을 그대로 끌고 가고자 했고, 이를 위한 희생은 온전히 사회를 지탱하고 있던 밑바닥의 몫이었다. 일본 애니메이션 〈아키라〉(1988)에서 청소년의 사회 부정을 냉철한 시각으로 그려내어 디스토피아적 세계관의 절정을 보여줬던 오토모 가츠히로 감독도 결국엔 현실적이고 이상적인 해법을 찾아내지는 못했다. 당시의 미국 사회 또한 젊은이들의 분노를 긍정적인 부분으로 표출하기에는 화면에 채 담아내지 못하는 부분이 존재했으리라 본다.

아론 소킨 감독이 영화를 통해 주장하고자 했던 메시지는 당시의 치열한 사회를 살아가는 젊은이들의 반전에 대한 목소리도, 그로 인한 시위가 피로 물들어 결국 재판에 끌려온 젊은이 7명의 처지도, 그 세기의 재판이 말도 안 되는 이유로 엉망이 되어버리는 과정에 대한 익살스러운 비판마저도 아니었다. 오히려 조지 오웰이 주장했던 것처럼, '디스토피아'로 단정짓게 되는 미래가 어떠한 결과를 얻어낼 수 있을지에 대한 진심 어린 우려와 다음 세대를 향한 동기 부여가 강조됐다고 봐도 좋겠다. 영화 〈트라이얼 오브 더 시카고 7〉(2020)은 냉철히 말하면 정치적 비판이 선행된 사회 구조의 체계적인 분석이 담긴 영화다. 관객의 입장에서 실화라는 점 때문에 좀 더 사회의 나락을 구체적이고 사실적으로 이해하기에 편하기도 하다.

대중들이 세기의 재판에 관심을 가지는 이유는 본인의 정치적 편향을 이해할 수 있는 거울로서 작용하기 때문이다. 실제 당시의 시위는 베트남전 징용 당사자라는 이해관계를 떠나 사회 체제의 기반이 되는 개인의 정치적 성향이 제대로 무너졌기 때문이라는 시각도 존재한다.

공교롭게도 같은 도시를 대상으로 하지만, 영화 〈시카고〉(2002)에서 벌어진 재판에 대한 대중의 관심도 이와 제법 유사하다. 단순히 한 여인의 개인사라고 평가하기엔, 록시 하트(르네 젤위거 분)의 상황 또한 특정 계층의 낱낱을 현실적으로 담아내고 있다는 점에서 그렇다. 영화 〈트라이얼 오브 더 시카고 7〉도 이처럼 계층적 구조의 낱낱을 세밀하게 들여다볼 줄 안다. 실제 사건과 대비해 주목받을 위치는 아니지만, 계속해서 보비 실(야히라 압둘마틴 2세 분) 흑표당 의장에게 스포트라이트를 비추고 있음은, 이 재판을 정치 재판으로 단정 짓고 개인의 권리를 철저하게 무시하고 짓밟은 당시 권력의 속내를 적나라하게 표현하고 싶었던 거다. 이러한 경향은 헤이든(에디 레드메인 분)과 호프먼(사샤 바론 코헨 분)의 대립 구도도 함께 포함된다.

실제 재판을 대하고 이를 바라보는 청년 운동가들의 구조는 '정치 혁명'과 '문화 혁명'의 양분된 이해관계를 펼쳐 놓는다. 덕분에 이들의 충돌은 이야기를 이어 나가기 좋게끔 만들고, 다분화된 의견을 폭넓은 시각으로 풀어나갈 해법을 찾기 쉽게끔 만들고 있다고 봐도 좋겠다.

그럼에도 불구하고, 영화는 정치적 성향을 직접적으로 드러내는 장면을 인상 깊게 만들지는 않았다. 실제 리처드 슐츠(조셉 고든 레빗 분) 검사가 존 미첼 신임 법무부 장관을 면담하는 첫 장면을 제외하고는 거의 없다고 봐도 무방할 거다. 이는 직접적인 사료가 부재하기도 하지만, 무엇보다 상황을 만들고 이끌어 가는 세력의 정치적 의사를 계층 구조의 시각만으로 평가하는 게 무리가 있기 때문이다. 하지만, 시카고 경찰의 시위대를 대하는 태도와 배심원을 대상으로 한 정치적 공작, 램지 클라크(마이클 키튼 분) 전 법무부 장관의 배심원단 증언 기회 배제 등 재판을 방해하는 여러 요소를 신scene과 신을 이어가면서 나름대로 배열한 점을 보면, 사회의 틀을 좌지우지하는 세력에 대한 시민들의 시선을 감독의 입장에서 아예 드러내지 않은 건 아니라는 생각이다.

카메라는 헤이든과 호프먼을 번갈아 주목한다. 헤이든의 정치 성향과 호프먼의 소통 방식을 놓고 상이함을 해석하는 장면이다. 여기서 감독은 둘의 옳고 그름을 면밀히 나누지는 않는다. 마치 색깔이 다른 두 사람이 문제를 수용하는 방식에 초점을 맞추고 있는 듯하다. 어느 순간에 무게가 옮겨간 듯 비추는 호프먼의 증인석 장면도 영화의 마무리에 다다라서는 어느새 다시 헤이든에게 그 마이크를 넘겨주고 있기 때문이다. 헤이든은 판사가 제시한 최후 변론의 시간이 주어지자마자, 베트남전에서 전사한 미군 장병 4천여 명의 명단을 하나하나 읽어나간다. 오랜 기간에 걸친 정치 재판으로 인해 국민의 관심과 시선을 잠시 빼앗겼지만, 우리가 주목해야 할 곳은 소수의 인권 수호를 향한 시카고의 작은 재판장이 아니라, 이 순간에도 전쟁터에서 목숨을 잃어가고 있는 베트남을 향해야 한다는 사실을 일깨우는 장면이라 하겠다.

영화는 막을 내리며 이들이 유죄를 선고받고 5년여의

형량을 살았다는 사실과 이후에 어떤 삶을 보냈는지를 자막을 통해 굵고 강한 어조로 보여준다. 영화의 주인공은 반전 메시지를 강하게 어필했던 그들의 용기와 끝까지 포기하지 않았던 '인내'였지만, 사실 영화를 통해 우리가 한 번 더 곱씹어야 할 부분은, 비단 베트남이 아니더라도 세계 곳곳에서 정쟁(政爭)의 피해자로서 젊음과 청춘을 바치고 있는 젊은이들이 훨씬 더 많이 존재하고 있다는 사실이다. 고성과 논쟁이 오가고 때로는 사상과 상식이 제 갈 길을 잃어가는 1960년대이지만, 그곳에서의 울림은 지금, 이 순간에도 여전히 계속해서 이어지고 있다.

메타버스가 지향하는 그 공간

바스터즈: 거친 녀석들

Inglourious Basterds, 2009

최근 한창 가상 공간이 사회 이슈로 떠들썩하다. 2000년대 싸이월드 미니홈피가 젊은층 사이에서 유행한 이래, 가상 세계가 이처럼 부각된 적도 드물지 않나 싶다. 물론 당시 개인 PC의 보급이나 피시방 창업의 활성화 등 사회 트렌드를 대상으로 사이버게임이 인기몰이를 한 지도 꽤 됐다. 이제 와서 '가상'이란 단어 자체에 큰 의미를 두기도 어렵겠지만, 특정 목적을 위해 만난다거나 혹은 어떤 행위를 더하는 이유라면 얘기가 달라지지 않을까. 이 부분에서 과거의 그것과 최근의 트렌드를 비교해볼 수 있겠다. 당시의 미니홈피는 자신을 드러내고 특정 인물과 교류를 통해 자연스레 소통하는 매체로 작용했다. 스타크래프트나 포트리스, 카트라이더 등의 아득한 추억마저도 필자에겐 유희를 즐기기 위한 소통의 장소로 대변되는 시간이었다. 이에 비해 요즘의 '메타버스'는 단지 '모임' 그 자체의 의미를 넘어 분명한 '목적'이 존재한다. 코로나19 등으로 인한 현실 공간의 그것을 대체한다는 뚜렷한 이유도 한몫하고 말이다. 강의를 위한 강의실로, 때로는 회의 공간으로, 한편 아쉬운 졸업식을 개최하는 가상의 장소 등으로서 그러할 테다.

이쯤 되면 현재의 '메타버스'는 '가상' 그 자체에 하나의 새로운 기제를 던져주고 있다고 말할 수 있다. 과거는 '소통'이 목적이 된 특별한 자기만의 모임이 그 자체로 그들 계층에게 하나의 의미를 던져줬다면, 지금은 목적이 뚜렷한 '장소'의 의미에 보다 초점을 둔다. '메타버스'의 개념은 미국의 작가 닐 스티븐슨이 자신의 SF소설 『스노우 크래쉬』를 통해 처음으로 소개했다. 말 그대로 이는 현실 세계에 존재하지 않는 온라인의 3차원 가상 세계를 의미하는데, 그 속에는 현실과 가상의 경계를 확연하게 구분 짓는 무언가가 사람들의 머릿속에 존재했다. 하지만 온라인 세계에 너무나 익숙해져 버린 현재의 모습은 그 자체에 의미를 두기보다 이러한 공간이 어떤 의미와 목적으로 파생되어가는지에 사람들의 이목이 더욱 집중되는 듯하다. 앞에서 언급했듯 이 '공간'에 집중한다면 우리는 전혀 색다른 의미에서 눈에 띄는 영화 한 편을 끄집어낼 수도 있다. 바로 쿠엔틴 타란티노 감독의 2009년작 〈바스터즈: 거친 녀석들〉(2009)이다.

이 영화는 여태껏 흔한 소재로 등장한 2차 세계대전을 배경으로 각자 주어진 상황과 목적, 이유 등에 맞게 활동하는 연합군의 이동선(移動線)을 그려낸 작품이다. 이 같은 주제는 사실 '히틀러'라는 한 명의 인물에게 집중해 이야기를 파생하거나, 제각기 따로 움직이는 군인들의 전투, 혹은 개인의 영역에서 이야기가 그 줄기를 뻗어나가는 경우가 많다. 물론 이 영화도 강렬한 긴장감을 선사하는 첫 신부터 영화의 타이틀만큼이나 독특한 이미지를 강조하고 있지만 이들의 목적이 분명해지는 그 순간은 의미가 확연히 전환되는 부분이 아닐 수 없다. 바로 앞에서 언급한 그 '공간'에 집중하는 순간 말이다. 쇼산나(멜라니 로랑 분)가 운영하는 '극장'은 여러 목적을 가진 이들이 한데 모여 각각의 기제를 자유롭게 풀어내는 공간으로 표현된다. 여기서 눈여겨볼 점은 이들 모두가 하나의 동일한 목적을 갖고 이 공간을 방문하지만 사전에 어떠한 소통도 이루어지지 않았다는 점이다. 다시 말해 새롭게 형성된 메타버스는 현실의 상황과는 별개로 소통을 주된 목적으로 하는데, 영화 속에서 표현되는 현실의 공간은 오히려 그 반대의 불통의 아쉬움을 드러낸다.

쇼산나는 결국 아픈 가족사를 기반으로 커다란 그림을 오랫동안 그려왔고, 엘도(브래드 피트 분)를 비롯해 도니(일라이 로스), 아치(마이클 패스밴더 분) 등은 또 다른 부분에서 이러한 그림의 완성도를 지원한다. 이들이 제각기 활동을 펼치다가 한데 모이는 그 공간이 뿜어내는 순간의 의미는 상당하다. 그렇기 때문에 독일군의 한스(크리스토프 왈츠 분)나 프레드릭(다니엘 브륄 분) 등의 역할은 잔잔하고 무거운 이미지에 적절한 색깔을 집어넣는 역할과도 같다. 여기서 한스 대령에 주목해보자. 그는 영화의 첫 장면부터 등장해 강한 인상을 남긴다. 그는 숨은 유대인을 찾아내 학살하는 역할을 맡는데, 그의 한마디 한마디가 의미를 더하는 각각의 '공간'은 처음부터 아예 소통의 여지를 끊어버리는 곳이다. 그는 일방적이고 강제적으로 눈에 보이지 않는 강요를 짓누른다. 자신의 말에는 무게가 실려 있고 그것엔 당연히 이유가 있다는 모양새다. 어릴 적 쇼산나의 부모가 숨어 있다가 그의 명령 한 마디에 학살을 당하는 순간에도, 성인이 되어 극장을 운영하는 그녀를 의심하는 순간에도, 그가 만드는 '공간'은 소통의 여지를 그 누구에게도 내어주지 않는다.

이 때문에 엘도가 조직한 구성원들, 그러니까 독일 나치로부터 당한 만큼 복수한다는 신념으로 뭉친 이들이 활동할 때마다, 시체의 얼굴 가죽을 벗긴다거나 또는 살아남은 이들의 이마에 표식을 남기는 행위는 공간보다 '목적'에 의미를 두는 경향을 보인다. 다시 말해 이들의 행위로 인해 극장이라는 하나의 공간이 '목적'을 가진 공간으로 의미를 갖게 되고, 그 의미는 과거의 소통을 그리워하며 결국 그것의 부재를 아쉬워하고 실패의 결과를 맞이하게 된다는 얘기이다. 공간이 가진 소통의 부재는 비단 극장뿐만이 아니라 그에 앞서 술집에서의 작전 실패와 극장 사건 이후 한스가 엘도 등과 자신에 대해 협상하는 순간까지도 계속해서 이어진다. 물론, 이 부분에서도 공간은 연속해서 목적과 소통의 여러 지점을 강조하는데, 하나의 내러티브가 또 다른 의미의 내러티브를 파생하는 좋은 사례가 되는 부분이라 하겠다. 쿠엔틴 타란티노 감독은 화면의 역동적이고 아름다운 영상미를 강조하는 인물로 꽤 잘 알려져 있다. 그런 점에서 이 작품의 이야기 선 안에서 이와 같은 부분을 찾는 재미도 쏠쏠한 게 아닐까.

우리가 흔히 메타버스를 사용하며 이해하게 되는 '공간'의 의미를 사회적 의미에서 받아들일 수도 있다. 동일한 장소에 여러 사람들이 모여 소통과 행위를 반복하지만 제각기 받아들이는 경험과 생각, 그 이야기는 또 다른 영역의 소통과 공간을 파생한다는 점 때문이다. 이렇게 보면 이 공간을 이해하는 시각도 사람들에 따라 달라진다. 결국 3차원이든 현실 속 뚜렷한 이미지의 공간이든, 그 공간을 어떻게 정의하고 이해하느냐에 따라, 공간의 물리적 의미가 사람들의 정의와 행위가 담긴 복합적인 공간으로 변할 수 있다는 얘기다. 영화 〈바스터즈: 거친 녀석들〉 속 주어진 '공간'은 극장 등으로 대변되는 하나의 공간의 틀을 제시하고 그 공간에 각기 다른 목적으로 활동한 새로운 의미와 행위가 더해져 또 다른 파생적 의미를 만드는 장소로 표현됐다. 이 의미는 2차 세계대전이라는 배경의 거시적 틀로서 새롭게 제시될 수도 있고, 혹은 개인의 경험에 의한 소통과 불통의 차이를 영화 속에서 표현된 작전의 결과로 돌려 얘기하는 것일 수도 있겠다. 분명한 건 그 결과에 공간이 어떤 역할을 했느냐가 아니라, 영화 속에서 비친 각각의 구성원이 그 공간을 어떤 의미로 재구성했느냐가 아닐까 한다. 메타버스도 결국 마찬가지다. 공간을 유의미한 의미로 입체화하는 건, 그곳을 채워 넣는 우리가 모두 해결해야 할 숙제이기 때문이다.

사회를
바라보는
내면의 응시

그래비티 Gravity, 2013

십여 년 전, 나는 어떻게든 도망치고 싶었다. 끝없이 밀려드는 일과 개인 사정을 전혀 이해해주지 않는 조직의 경직성, 그리고 급박한 상황에서의 책임 떠밀기 등에 거의 지쳐버렸었다. 피로가 누적되어 있을 때 어쩌면 이러다가 죽을 수도 있겠다고 생각했다. 그야말로 나를 둘러싼 정신적 세계는 새로운 형태의 '디스토피아'를 형성하고 있었다고 해도 무방했다. 이야기를 바꿔보자. 아담 맥케이 감독의 영화 〈돈 룩 업〉(2021)은 현대 정치의 적나라한 생태와 세부적 민낯을 누구나 이해하기 쉽도록 구체적으로 나열한 작품이다. 그는 위험에 직면한 지구 종말 상황을 눈앞에 두고도 자기 잇속 차리기에 바쁜 정치인과 이해관계자들, 그리고 이에 대한 무지와 신뢰로 본의 아니게 입을 굳게 닫아버리는 모든 이들을 구체적으로 비판했다. 여기서 눈여겨봐야 할 영화 속 주인공은 다름 아닌 '대중' 자신이다. 사회를 그릇된 방향으로 몰고 가는 건 누구의 책임도 아닌 모두의 책임이기 때문이다. 그러니 이는 멀리서 보면 비극이지만 가까이 다가갈수록 희극에 가깝다. 이처럼 영화는 사회의 지저분한 영역을 냉철한 시각으로 접근하고 해석해 대중의 내면을 눈뜨게 만드는 작용을 하기도 한다. 현실사회의 어두운 면을 차갑게 훑는 듯 보여도 알고 보면 그 속을 뒤집어엎을 힘을 갖고 있기도 하고 말이다.

알폰소 쿠아론 감독은 멕시코 출신이다. 사회에 섞이기를 거부한 채 단절된 삶을 살아가는 하루에 의미를 부여한 영화 〈세상의 종말을 위한 4중주〉(1983)로 데뷔했다. 이후에는 상류사회를 바라보는 독특한 시선을 담아낸 〈위대한 유산〉(1998), 〈해리포터와 아즈카반의 죄수〉(2004), 〈칠드런 오브 맨〉(2006) 등을 통해 많은 이들에게

영화 〈스테이션7〉이 실화를 배경으로 죽음의 위기를 둘러싼
여러 상황을 통해 두 주인공의 귀환 노력에 초점을 맞췄다면,
〈그래비티〉는 사회의 무게를 홀로 지탱해야 하는
한 인간의 위기에 집중하고 있는 모양새다.

자신의 존재를 부각한 바 있다. 각 작품의 이면을 살펴보면 역시나 사회에 대한 디스토피아적 시각이 물씬 풍겨나온다. 이는 그의 독특한 SF 세계관을 열어젖힌 영화 〈그래비티〉(2013)도 무관하지 않다. 개인적으로 이 작품에 대한 애정이 좀 남다른데, 그건 장르가 지닌 특유의 장점보다도 한 인간의 삶을 개인의 영역이 아닌 사회적 시선으로 확장해 채워 넣고 있어서다. 영화는 내내 라이언 스톤 박사(산드라 블록 분) 한 사람에게 모든 스포트라이트를 집중해 삶의 과정을 집요하게 드러내는 면모를 보인다. 다시 말해, 단순히 우주의 위험으로부터 살아남아 지구로 귀환하기 위한 그녀의 노력을 영상미로 담아내는 데 목적을 둔 게 아니라는 거다. 오히려 형상을 통해 사회를 바라보는 날카로운 지적이 강하게 드러나고 있는 게 아닌가 싶다.

허블 망원경을 수리하던 라이언 스톤 박사는 인공위성의 잔해와 충돌하며 생명선이 끊어진 채 우주 한 공간에 홀로 남게 된다. 이때부터 화면은 생존을 위한 그리고 생명에 대한 갈망을 비추는 그녀의 고군분투를 그린다.

양손에 땀을 쥐게 하는 막막함과 더불어 화면은 우주에 대한 환상을 철저하게 배제한 채 그녀의 외로운 감정, 혹은 고립감을 구체적으로 드러내 사회에 던져진 사람들의 내면을 또 다른 시선으로 해석할 줄 안다. 이는 사회가 가져야 할 제 기능을 상실한 부분에 대한 비판과 함께, 그 속에서 무엇을 어떻게 해야 할지 헤매고 있는 사람들의 혼란을 강하게 지적하는 부분이기도 하다. 알폰소 쿠아론 감독이 표현한 우주는 이 때문에 지극히 디스토피아적 성향이 강하다. 그녀가 홀로 남아 죽음과 처절한 사투를 벌인 끝에 결국 지구로 무사 귀환하게 되는 이야기 구성에도 불구하고, 화려하고 극적인 연출과 미래를 바라보는 희망, 또 이를 스스로 극복하지 못하면 삶을 영위할 수 없다는 구체적이고 사실적인 현실을 화면에 제대로 투영하고 있다는 거다. 결국, 사회가 그 기능을 잃어버리고 정책이 무너져내릴 때 개인을 뒷받침할 역할의 부재를 지적하고 있는 부분이 아닐까 싶다.

여러 명이 힘을 모아 고난을 헤쳐 나가는 기존 영화의 틀은 이 작품에서 조각조각 부서진다. 이를테면 클림 시펜코 감독의 영화 〈스테이션7〉(2017)과 차이를 보이는 부분이라 할 수 있겠다. 영화 〈스테이션7〉이 실화를 배경으로 죽음의 위기를 둘러싼 여러 상황을 통해 두 주인공의 귀환 노력에 초점을 맞췄다면, 〈그래비티〉는 사회의 무게를 홀로 지탱해야 하는 한 인간의 위기에 집중하고 있는 모양새다. 단지, 개인 생명에 대한 존중을 넘어 그 생명이 어떻게 사회 속에서 제대로 된 삶을 영위하는지, 그리고 이를 버텨내야 하는 이의 심정 변화까지도 관객에게 고스란히 전달하고 있는 모습인 것이다. 이를 위해, 앞에서 언급한 화려한 영상미가 적절히 첨가되어 그녀의 순간의 감정과 호흡을 관객이 함께 공유하고 있음은 확실히 연출이 만들어 낸 장점이라 할 수 있다. 알폰소 쿠아론 감독은 이러한 점에서 단순히 디스토피아적 세계관을 우주 공간에 쏟아내 우울한 미래를 강조하고 있는 게 아니라, 이를 통해, 좀 더 내면적인 부분에 집중하고자 하는 자신의 목소리에 진한 밑줄을 긋고 있다고 보는 게 옳다.

'디스토피아'를 얘기한 김에, 또 다른 형태의 작품 하나를 더 얘기할 수 있을 거다. 연상호 감독이 사각형의 화면에 흩뿌린 K드라마 〈지옥〉(2021)은 단지 그림에서 느껴지는 죽음에 대한 공포만이 주된 목적지는 아니었다. 어느 날 갑자기 등장한 초자연적 존재, '사자(使者)'에 대한 공포는 아주 잠시였을 뿐, 오히려 이 틈을 비집고 들어가 사람들 사이에 나타난 혼란을 바로잡을, 아니 자신의 방향대로 이끌 독특한 군중, 여기서 정진수(유아인 분)와 같은 이들의 등장이 또 다른 공포의 기제를 형성시켰다는 얘기이다. 아무런 의미가 없는 것들에 새로운 생명을 불어넣고, 그 생명의 의미가 또 다른 공포로 이어지는 약해빠진 군중의 심리를 제대로 이용하는 무리는 디스토피아가 가진 또 다른 한 면을 바라보고 이해하게끔 만든다. 물론, 여기서 말하는 디스토피아의 공포는 앞의 〈그래비티〉가 표출하는 공포와는 다른 측면이 틀림없다. 하지만 거시적 측면에서 '디스토피아'라는 표면적인 결과만을 두고 볼 때, 이는 전혀 연관이 없다고 보기엔 다소 해석에 무리가 있다. 결국, 사회적 구조의 폐해로 보더라도 그 사회조차 연약한 사람들이 만들어 낸 부조리한 구조물에 불과하기 때문이다.

알폰소 쿠아론 감독은 영화 〈그래비티〉에 다양한 시각과 해석을 부가하고 싶었던 듯하다. 이를테면 살아남을 기회가 점차 그녀의 숨통을 조여오듯, 화면 곳곳에 긴장감을 집어넣은 것도 그렇고, 그녀의 외로움 혹은 고독함에 삶의 무게를 살며시 얹어놓은 것도 그렇다. 이를 좀 더 들여다보면 지금까지 얘기한 디스토피아적 세계관의 해석까지도 확장할 수 있을 테다. 이런 측면에서 여러 작품이 이러한 디스토피아를 그려내며 사회에 대한 부정적인 시선과 이에 대한 계몽적 의견을 돌출하기도 하지만, 이 영화 〈그래비티〉가 그 중심에 서 있다고 감히 얘기할 수 있는 부분은, 앞에서도 언급했듯 사회 전체의 구조적 결함을 구체적으로 지적하지 않고도 개인의 삶과 환경, 심리 변화를 통해 그 무게를 온전히 표출하고 있다는 이유 때문이다. 영화 〈왓치맨〉(2009)이 사회적 구조의 조각난 부분을 찾아 파헤치는 데 노력했다면, 알폰소 쿠아론 감독이 우주를 배경으로 만들어 낸 이 작품은 오히려 인간의 내면을 세밀하게 묘사함으로써 우리의 시선을 자연스럽게 사회 전체로 돌리게끔 만들었다는 점에서 영화의 연출력이 남다르다는 생각이다. 우주는 태초에 인간을 감싸

안고 있었고, 우리가 살아가고 만드는 사회 또한 그러하다. 개인이 달라질 수 있다면 결국엔 사회도 변화하게 되지 않을까.

삶의 충돌이 빛을 만들어 낼 때

주먹이 운다 Crying Fist, 2005

내게 있어 삶은 언제나 자줏빛이었다. 푸르게 창창하지도 항상 붉게 치열하지도 않았다. 하지만 지금에 와선 순간의 추억이 총천연색 다채로운 인생을 펼쳐낸 기억도 남아 있던 게 아니었나 싶다. 결과적으로 내게 주어진 삶은 과거에도 그랬고 지금도 그리고 미래에도 항상 갈피를 잡을 수 없는 게 사실이다. 한창때 머리에 제대로 박아 넣지도 못한 공부는 나이가 들어서도 여전했다. 공부가 뭔지, 연구가 뭔지 제대로 할 줄도 모르면서 그저 혼자서 좇아가보겠다고 발버둥치며 밤을 새우고 논문을 쓰고 수탁 과제를 하고 그렇게 치열하게 새벽을 보냈다. 때로는 아버지 병간

영화 〈주먹이 운다〉는 삶의 경계에 선 가장 두드러진 상황의
인물들을 화면 속에 고스란히 가져온 작품이다.
어쩌면 절대 평범하지 않기에 사람들의 시선을 더 모을 수 있었고,
한편으로 극단적인 대결에 사람들이 더욱 관심을 두고
재미를 찾게 될 수도 있었다.

호를 위해 1년을 쉬고 또 돌아와 공부하고 그렇게 하다 보니 어느새 졸업의 순간을 맞이하게 됐다. 어렵게 취업한 곳에서 또 연구를 시작했으니 지칠 만도 하지 않았을까. 아마도 그때의 나는 삶을 좀 더 수월하게 보내기 위해 앞도 안 보고 달려온 젊은 시절의 열기를 조금이나마 식히고 싶었던 것 같다. 몇 번의 이직을 거쳐 겨우 되돌아볼 수 있었던 '삶'은 누구에게나 결코 공평한 게 아니란 공식을 그제야 이해했다. 어렵게나마 내린 결론은 어쨌든 그 삶을 있는 그대로 인정하고 받아들여야 한다는 거였다.

삶을 인정한다는 건 나를 새롭게 수식하는 거다. 하루에도 수없이 되뇌는 삶에 대한 불만족과 쏟아내는 불만들. 어쩌면 완벽한 시선에서 평가하고 그 잣대를 스스로 받아들이는 게 누구에게나 주어진 삶의 숙제가 아닐는지. 류승완 감독은 장르에 국한된 이야기를 펼치는 걸 즐기지 않지만, 적어도 자신이 꺼낸 이야기 속에 '삶'을 정의하는 흔적을 꼬깃거리며 쑤셔 넣는 법을 잘 아는 감독이라는 생각이다. 영화 〈짝패〉(2006)가 화려한 액션을 배경으로 '우정'과 '인생'을 직시하는 법을 알려줬다면, 〈베를린〉

(2012)과 같은 작품은 절대 평범하지 않은 삶의 굴곡에 놓인 이들이 자신만의 방식으로 역경을 헤쳐 나가는 과정을 관객에게 간접적으로 경험하게 해줬다. 영화 〈주먹이 운다〉(2005)는 앞의 영화들이 담아낸 의미에 시선의 균형미를 더했다. 누구에게나 치열한 역사로 여겨지는 삶의 무게를 어떠한 기울임도 없이 있는 그대로 부딪혀 보는 거다. 어쩌면 한 사람이 만들어 낸 역사를 하나의 무대 위에 나란히 늘어놓는 거랄까. 과연 우리는 어떤 해석과 평가를 감히 쉽게 꺼내놓을 수 있을까.

태식(최민식 분)은 왕년의 화려했던 과거를 내세웠다. 말 그대로 그는 지금 내리막을 겪는 중이다. 그에게 가족은 지켜야 할 자신의 인생 속 최후의 보루이고 이를 위해 그는 과거의 무게를 애써 내려놓은 채 차가운 거리로 나선다. 환경이 그에게 전하는 의미는 꽤 낯설다. 그는 이 낯섦을 극복하고자 다분히 애를 쓴다. 여기에 의미를 더하는 건 자신의 아들밖에 없다. 어떻게든 지켜야 할 삶의 중요한 부분이기 때문이다. 반면, 상환(류승범 분)이 펼치는 이야기는 또 다른 차원이다. 그는 성장 중인 청소년이기에 어디로 나아가야 할지 몰라 방향을 잃고 헤맨다. 소년범죄는 물론이고 가족에게 아무런 신경조차 쓰지 못하는 모습은 그 또한 여전히 사회 속에서 자신을 낯설게 만든다. 그에겐 아버지도 할머니도 단순한 가족 이상의 의미도 없다. 결국, 류승완 감독은 내리막을 걷고 있는 태식과 오르막을 걸어야 할 상환을 한 무대에 나란히 올려둔다. 이들은 각자 삶의 무게를 치열하게 겪고 있어, 둘을 마주하게 하는 건 결코 치우침 없이 올곧은 균형을 만들어 버린다. 그야말로 이 영화가 관객에게 전하는 백미(白眉)이다. 말 그대로 이들의 삶을 관객에게 소개하는 것 이상으로 이러한 상황을 쉽게 인정하고 받아들일 수 없다는 심정과 같다.

관객이 영화를 통해 찾고자 하는 건 여러 측면에서 해석을 나눈다. 이를테면, 일상을 해소할 재미가 그 답이 될 수도 있고, 또 다른 부분에선 삶의 대리 영역을 이어 붙이기도 한다. 내가 경험하지 못한 측면을 역할이 대신하는 경우다. 감정을 이해하고 수용할 수 있을지언정 이를 완전히 대신할 수는 없다. 감독은 최대한 가능 범위를 관객에게 제시할 뿐이다. 이 경우, 만약 그 이야기가 그들에게 카타르시스를 전할 수 있다면, 그들은 이 기회를 통해 여러 삶을 현실로 가져올 수 있을 거다. 영화 〈주유소 습격사건〉(1999)이 모방 범죄를 현실로 이끌었던 경우가 대표적인 사례가 될 것 같다. 때로는 연애 방식을 보고 배울 수도 있고, 역사극을 통해 몰랐던 사실과 판단을 습득하게 될 수도 있다. 모든 게 관객의 해석을 돕는 여러 기제로 나뉜다는 사실을 비로소 이해할 때, 류승완 감독은 이를 통해 모든 관객의 판단을 단지 두 사람의 역할 배분만으로 이끌었다. 그들이 어떤 쪽에 무게를 두든지 간에 하나도 놓쳐서는 안 될 명백한 이유다.

영화 〈주먹이 운다〉는 삶의 경계에 선 가장 두드러진 상황의 인물들을 화면 속에 고스란히 가져온 작품이다. 어쩌면 절대 평범하지 않기에 사람들의 시선을 더 모을 수 있었고, 한편으로 극단적인 대결에 사람들이 더욱 관심을 두고 재미를 찾게 될 수도 있었다. 어쨌든 삶의 낭떠러지 앞에서 더는 물러설 여지를 허용하지 않기에, 결과를 궁금하게 만든다는 점에서는 더욱 그렇다. 시선의 경계는 해석의 다양성을 이끌지만, 어떤 부분에서는 이의 무게를 통해 논제의 치밀함을 다투게 되기도 한다. 영화 〈록키〉(1976)가 밑바닥에서 시작하지만 벼랑 끝의 선을 세심하게 다루진 못했던 것처럼 말이다. 그가 어떤 과정을 통해 위를 넘보게 됐는지, 그리고 그 이유를 제시하는 점에서 충분한 이해가 뒤따르고 있음에도 어쨌든 일종의 아메리칸 개척 정신과도 같은 의미를 담아낸 게 전부라는 것도 사실이다. 이와 비교한다면 이 영화는 양 끝에 놓인 이들의 면면을 가장 구석으로 몰아세워 이의 극치가 끄집어내는 경계를 강하게 구사할 줄 안다. 덕분에 보는 이들의 몰입은 물론 이야기의 구성 요소를 가장 강렬하고도 적절하게 사용했다.

어쩌면 이 영화는 그래서 눈에 보이는 액션을 넘어 생각의 깊이를 선사하는 작품이기도 하다. 주먹과 주먹이 아닌 개인의 역사가 서로 불꽃을 튀기는 점을 고려한다면, 화면 속에서 각자의 삶을 수식하는 것 이상으로 서로의 교차 지점을 찾는 것도 좋았겠다. 개인의 삶을 최대한 구석으로 밀어 넣기에 급급해 이들을 향한 시선을 제대로 살펴보지 못한 건 분명 큰 아쉬움이다. 링 위에서 벌어지는 가장 드라마틱한 시선을 영상에 담아낼 수 있었을지도 모르고, 말이다. 링에서의 클라이맥스를 설계했을 때 감정의 요동과 시선의 분산을 좀 더 강조할 수 있었다면 이야기가 더욱 다채로워지지 않았을까. 영화를 바라보는 시선이 표독스러운 핀셋의 따가움처럼 두려움으로 다가온다면, 이 작품은 오히려 이에 솔직해 이 부분에 대한 귀를 아예 닫아버린 것으로 보인다. 덕분에 배우 최민식과 류승범, 두 사람은 각자의 이야기를 맘껏 뽐내고 드러낼 수 있었다. 삶은 그 끝에 설 때 비로소 한 인간의 내면을 똑바로 바라볼 수 있게 된다. 이 작품이 두 사람에게 쏟아진 스포트라이트 이상의 것을 얘기하고 있기에, 이를 경험하는 모든 이들이 반드시 그 메시지를 찾아낼 수 있기를 바란다.

천국을 만들어내는 아이들

천국의 아이들 Bacheha-Ye aseman, 1997

누군가의 시선을 표현하는 영화의 중심에는 언제나 나눠진 경계가 있다. 이를테면 계층적 구분의 극명한 현실을 얘기한 영화 〈설국열차〉(2013)도 그중 하나가 될 테고, 〈다이버전트〉(2014)처럼 성장의 측면에서 그 경계를 드러내는 용도로 사용되는 경우도 존재한다. 사실 보는 이의 관점에서 영화를 수용하기 쉬운 건, 후자보다 전자다. 영화의 '서사'와 배우의 '연기', 제작진의 '연출', 이 삼박자가 만드는 방향에 따라 이야기의 강약에 차이가 있지만, 그런데도 영화 속에서 '성장'의 주제를 다루는 건 하나의 시선과 이해의 변화를 시간과 공간의 배분에 따라 다각도로 표현해야 하는 부담을 안고 있어서다. 반면, 전자의 '계층'적 구분은 애초부터 존재하는 현실에 대한 구체적 표현과 묘사가 그 중심이 된다. 만약 이를 섞어 사회적 시선에서의 성장을 보다 구체화하는 게 목적이라면, 개인적으로 여러 부분에서 분명 쉽지 않은 이야기가 될 것만 같다.

일반적으로 투표권을 가진 성인으로의 성장 과정에서 자신의 정치적 성향이 결정되곤 한다. 이 과정에서 사회적 해석의 초점을 자신에게 맞추게 되면서 때로는 이 부분이 변화하는 경우를 경험할 때가 있다. 여당과 야당, 좌익과 우익의 구분을 경계하는 것도, 그리고 서민층과 중산층의 계층적 구분을 이끄는 것도 아니다. 이는 그저 표면적 이해일 뿐, 알고 보면 이러한 성향도 자신의 개인적 성장 관점에서의 이해의 측면이 바깥으로 표출된 개념이라는 해석이다. 영화 〈천국의 아이들〉(1997)은 이런 부분에서의 성장 메시지를 담은, 아름다운 동화와 같은 작품이다. 하지만 이 눈물겨운 아이들의 이야기를 눈에 담고도 그저 그들을 바라보는 시선 그 자체에 머무를 수밖에 없는 구조에 우리는 결국 좌절하고 만다. 그게 감독이 얘

영화 <천국의 아이들>은 결코 천국에 있거나 혹은
천국을 바라는 아이들의 시선을 그 자체에 머무르게 하지 않는다.
오히려 그러한 시선을 아이들이 아닌
어른들에게 돌리고 있는 작품이라고 말할 수 있다.
그 무게를 온전히 견디고 받아들이는 건,
지금, 이 순간 우리에게 남겨진 숙제가 아닐는지.

기하고자 하는 눈빛과 메시지가 아닐까.

초등학생 알리(아미르 파로크 하스미얀 분)와 동생 자흐라(바하레 세디키 분)는 가난으로 인해 집에 부담을 주지 않고자 운동화 한 켤레를 서로 나눠 신는다. 다행히 동생은 오전반, 알리는 오후반으로 학교를 번갈아 등교하기에 이와 같은 아슬한 줄타기가 가능하다. 하지만 이 둘의 이와 같은 운동화 공유도 동생 자흐라와 오빠 알리의 부지런한 뜀박질이 맞닿아야 가능한 일이다. 결국 알리가 학교에 계속 지각을 하며 선생님의 호된 꾸중과 질책이 이어지고, 알리도 친구들과의 운동에 자주 참여하지 못하게 되면서, 알리는 또 다른 환경에 대한 꿈을 가진다. 그건 바로 '어린이 마라톤 대회' 참가로, 평소 달리기만큼은 자신 있었던 그가 원했던 건 대회의 3등 상품이 바로 '운동화'였던 탓이다. 알리는 동생 자흐라를 위해 운동화를 타오기로 마음먹고 대회에 출전하게 된다.

영화는 이처럼 아이의 시각과 순수한 마음을 관객의 시선을 통해 아름답게 꾸미는 것과 동시에 본질적인 사회 구조의 그것을 살짝 건드려 본다. 여기에 사용된 요소들은 눈에 보이는 것과는 다르게 제법 굵직하고 무거운 것들이다. 아이에게 낡은 운동화의 공유는 가난을 상징하는 좋은 예시가 되지만, 영화는 여기에 더해 이를 계층 구분의 적나라한 위치를 드러내는 요소로 사용했다. 노동계급의 밑바닥을 드러내는 '운동화'는 동생 자흐라의 소속에서나 오빠 알리의 테두리 안에서도 전혀 환영받지 못하는 부분이다. 자흐라가 오빠와 운동화를 공유하게 된 건 자신의 구두를 잃어버렸기 때문인데, 애초에 구두가 있어야 할 위치를 운동화가 대신하게 되면서 환대보다 자리를 대신 메우게 되는 애매한 물품으로 작용하고 있기 때문이다. 노동계급의 사회적 위치가 불안정한 시선을 동반하고 있다면, 그 맥락이 이러한 부분을 대변하는 것도 어쩌면 타당한 주장이 될 수 있겠다.

영화 속에서 이들의 아빠는 직장을 제대로 구하지 못하고 어느 날 아들 알리와 함께 부자들이 모여 사는 동네를 돌아다니며 정원사로서 일자리를 구한다. 자신들이 사는 동네와 판이하게 구분된 지역은 그들에게 낯선 이방인의 경계를 풀지 않게끔 만드는데, 수차례의 거절에도 불구하고 그들에게 손을 내민 부분은 사회의 남아있는 희망뿐만 아니라, 중산계급에 바라는 노동계급의 솔직한 시선과 바람이라고 봐도 좋겠다. 아빠의 직업을 '정원사'로 설정한 건 영화 속에서 계층의 구분을 확고히 했다기보다 정원을 재정비할 수 있는 의지를 드러낸 부분이다. 결국 집을 예쁘게 정리하고 정비하는 건 사회의 낮은 영역을 메워주는 이들의 희생이 존재하고 있음을 영화는 이와 같은 장면을 통해 살며시 드러낸다. 여기에 아빠와 집주인 아래에 놓인 다음 세대의 아이들이 서로 사이좋게 지내는 모습은 세대의 전환을 통해 사회를 변화시킬 수 있는 여지와 기회를 암묵적으로 표현한 감독의 의도적인 연출이기도 하다.

마라톤 대회의 3등 상품이 '운동화'인 설정은 그들의 위치에서 바라본 시각의 차이를 극명하게 만들어 놓은 거다. 그들은 높은 위치를 원하고 있지도 않았고 그저 자신의 부족한 부분을 메워줄 수 있는 작은 희망 하나만을 바라고 있었기 때문이다. 집의 마당에 놓인 수돗가 혹은 물고기들이 헤엄을 치고 있는 연못으로 비치는 그곳은 아이들의 현실적 절망이 꿈과 희망으로 뒤바뀔 수 있음을 의미하는 장소로 작용한다. 사람들의 목마른 희망을 적셔줄 수 있음과 동시에 그들의 오랜 가난을 씻어줄 수 있는 이중적 의미를 함께 드러내는 표현으로서 말이다. 영화의 타이틀이 말하는 '천국'은 결국 아이들이 겪고 있는 극단적인 현실을 비꼬고 있으면서도, 한편으로 그들이 희망을 품는, 즉 달리 말해 희망을 찾아내는 현실을 '천국'의 그것으로 만드는 '아이들' 그 자체를 의미한다고 하겠다. 장소 그 자체보다도 '아이들이 존재하는 곳', 그곳으로서의 의미가 더욱 역력하게 강조되는 게 아닐까 싶다.

감독 마지드 마지디는 '아이들이' 바라본 시선을 통해 사회 구조의 비뚤어진 문제를 날카롭게 지적하고 있지만, 이와 반대로 '아이들을' 바라보는 시선을 통해 화면에 비친 사회 문제의 해석과 이해를 관객의 시각으로 풀어내고자 노력했다. 결국, 현실 사회의 양극화를 직접적인 시선으로 풀어내기를 원하기보다 원인이 아닌 결과의 관점에서 이를 논제의 도마 위에 강하게 올려놓고 있는 작품이라는 생각이다. 여기에 관객의 심금을 울리는 인간적인 그것과 동시에 이를 뒷받침해주는 두 아역배우의 연기 또한 결코 눈을 뗄 수 없는 부분이다. 영화 〈천국의 아이들〉은 결코 천국에 있거나 혹은 천국을 바라는 아이들의 시선을 그 자체에 머무르게 하지 않는다. 오히려 그러한 시선을 아이들이 아닌 어른들에게 돌리고 있는 작품이라고 말할 수 있다. 그 무게를 온전히 견디고 받아들이는 건, 지금, 이 순간 우리에게 남겨진 숙제가 아닐는지.

구체화 된 불투명의 선들 속에서

돈 룩 업 Don't Look Up, 2021

오랜 코로나19 팬데믹으로 지쳐버린 민심과 빠른 기후변화의 소용돌이를 우리 모두가 몸소 체험하는 중이다. 백신 부작용에 대한 국민 청원은 쉴 새 없이 늘어난 데 비해 정부의 책임 있는 답변은 쉽게 찾기 어렵다. 국민은 여전히 갈팡질팡 언론의 마구잡이 비판의 목소리만 쳐다보고 하루에도 몇 번씩 눈치 싸움에 뛰어든다. '정치'란 원래 그런 것인가 보다. '민심'을 잘 읽어내는 것. 얼핏 보면 짧고 굵게 정확하게 답변을 짚어내는 듯 보여도 그놈의 '민심'이란 사실 '정치'가 만들고 이끄는 것 같다. 우리가 생각하는 '민심'은 과연 무엇일까? 100대 99의 결과를 놓고

100은 민심이고 99는 민심이 아닌 걸까? 당신이 과연 나라를 이끄는 수장이라면 어떠한 판단과 선택을 해야 하는 것일까? 자신을 희생하고 나라의 번영을 택해도 어차피 그 희생조차 희석되어 버리고 순간의 희생마저도 누군가의 기억 속에서 희미하게 사라져 버릴 텐데 말이다.

그런 점에서 영화 〈돈 룩 업〉(2021)은 우리가 겪고 있는 현대 정치의 적나라한 생태와 또 세부적인 민낯을 제대로 짚어내고 구체화한 작품이다. 이를테면 주어진 상황에 대한 직설적인 시선마저도 다양한 캐릭터를 이용해 그 환경을 보다 구체적이고 세밀하게 구성한 것도 그렇다. 아담 맥케이 감독은 확실히 심각하고 위험에 직면한 지구 종말 상황을 어렵게 설정하고도 이를 가볍게 여길 수 있는 감정적 공간의 여유를 어렵지 않게 생성해내는 데 성공했다. 이는 똑같은 상황을 다르게 이해하고 받아들이는 그 요인에 집중하게 되는 근본적인 이유로 작용한다. 우리는 흔히 '상황이론(situational theory)'을 하나의 조직이 처한 환경을 두고 이에 알맞은 지도자와 리더십을 요구하는 경우로 이해하곤 한다. 영화 〈돈 룩 업〉 또한 이를 위해 대통령 올리언(메릴 스트립 분)을 가운데에 놓고 그 어지러운 상황을 통제하는 분위기를 늘어놓는다. 지구 종말을 진지하게 받아들이기보다 자신의 정치적 영향력을 좀 더 연장하는 데 혈안이 되어 있는 리더, 그리고 이를 뒷받침하고자 하는 그녀의 아들 및 주변 인물들을 보면 참으로 가관이다. 이와 반대로 사태의 심각성을 알리려 애쓰는 이들과의 대립 구조를 살펴보면 서사에 긴장감을 주기에 충분하지만 그럼에도 식상한 스토리는 여전히 아쉽다.

감독이 민심을 읽어내는 데 관심을 두지 않고 제한된 인물 사이의 대화와 상황 전개를 통해 사태를 이끌고 가려고 시도했다는 것만으로 그 의도는 명확하고 쉽게 이해된다. 결국, 어떤 개인이든 조직이든 간에 인간은 그 한계에 다다랐을 때 이를 강하게 부인하려는 모습을 취하는 게 정설이니까 말이다. 민디(레오나르도 디카프리오 분) 교수 또한 브리(케이트 블란쳇 분)와 불륜을 저지른다든가 혹은 디비아스키(제니퍼 로렌스 분)가 율(티모시 샬라메 분)과의 연애를 선언하는 모습 등은 인간의 이성이 막바지에 다다라 차례대로 무너지는 세밀한 감정선을 거친 화면 속에 담아냈다는 점에서, 감독이 원한 이미지의 형성이 제대로 이뤄졌다는 평가다. 그러므로, 이 작품을 한마디로 표현하자면 '원초적 본능의 난장판'이라 이름 붙여도 전혀 이상할 게 없다. 혜성 충돌로 인한 지구 최후의 날을 커다란 스케일로 거창하게 그려내지만, 실상은 정치적 욕구와 이성과 본능이 교차하는 생존에 대한 재해석이 다각도에서 이뤄지고 있다는 이유 때문이다.

혜성 충돌 이후, 잽싸게 우주로 빠져나간 자칭 권력자들이 새로운 행성에 맞닥뜨리는 세상과 무너진 지구에 홀로 살아남은 백악관 비서실장 제이슨(조나 힐 분)의 마지막 모습은, 그 순간 지금까지 흘러온 영화의 모든 걸 제대로 된 풍자의 영역에 집어넣는 장면이다. 사실 아담 맥케이 감독은 자신의 전작인 〈빅 쇼트〉(2016)를 통해 현대판 정치적 이기심의 실태를 현실적으로 표현한 바 있는데, 당시에도 여러 캐릭터를 통해 사회적 현실의 민낯을 최대한 입체적이고 다각도로 분석하기도 했다. 이 영화 〈돈 룩 업〉이 타이틀을 이처럼 주창하고 나선 것도 이러한 의도의 연장선이 아닐까 싶다. 누군가는 'Look up!'을 외치고 또 다른 이들은 'Don't look up!'을 외치는 첨예한 대립의 순간 속에서도 이들은 다 함께 불구덩이를 향해 달려가고 있지 않은가. 우리는 99%와 1%로 나뉜 계층과 계급의 진한 경계선의 영역 사이에서 과연 어떤 선택을 해야 하는 것일까? 선택의 전과 후를 구분하기에 앞서 여전히 달라질 건 없다. 인간은 그렇게 진화하며 생존해왔고 그렇게 구체적으로 살아남았을 뿐이다. 단지 다가오는 미래에 대한 불투명한 아쉬움이 진하게 남아 씁쓸하다.

늑대의
슬픈
울음소리

더 울프 오브 더 월 스트리트

The Wolf of Wall Street, 2013

실화 속 인물에도 '강약'과 '장단'이 존재한다. 어느 위인전에서나 볼 수 있을 듯한 아름다운 갈무리가 곳곳에 수두룩한가 하면, 어떤 이는 최대한 사실적인 묘사로 자신의 삶이 급격한 오르내림을 반복하는 이도 있다. 모든 이가 다 나름의 눈여겨봐야 할 부분이 있기에 후대에 들어서 이를 조명하고 있는 거겠지만, 그런데도 한 사람의 인생을 일률적으로 배열하는 건, 읽는 이와 보는 이로 하여금 가질 수 있는 재미까지 함께 빼앗는 거다. 누구나 그렇듯 어릴 적 위인전을 접하는 건 좋은 점만 보고 배우기 위함이다. 당연히 힘들고 어려운 시기를 겪어 시간이 지나 그 업적이 새롭게 해석되는 때도 있다. 반면에 다른 의미에서의 인물을 바라보는 접근도 나름 유효한 의미가 있을 거다. 최대한 객관적인 서사를 통해 그의 인생을 조명하고 살펴본다면 말이다.

이 순간 존경과 존중의 태도를 취하는 건 누구에게나 자유이겠지만, 어쨌거나 인물의 삶이 다른 누군가에게 충분한 의미를 전할 수 있다는 전제하에서만 그렇지 않을까 싶다. 영화 〈캐치 미 이프 유 캔〉(2002)의 주인공 프랭크 애버그네일(레오나르도 디카프리오 분)의 삶은 화려했지만 속내는 실로 초라했다. 영화 속 그는 항상 불안하고 초조해하고 있었다. 거짓된 삶을 살고 있다는 두려움과 자신의 거짓이 언젠가 밝혀질 거라는 진실 앞에서 그는 언제나 무릎을 꿇고 있을 수밖에 없었던 거다. 하지만 그의 삶을 단순히 제한적인 범위에서만 해석하는 건 어리석은 행동이다. 결국, 여느 동화에서 마지막을 급하게 서둘러 끝맺는 것처럼 왕자님과 공주님은 그렇게 오래오래 잘 살았다고 변명하는 것일 뿐이다. 그의 인생도 그렇게 갈무리 지었다고 둘러대는 건 관객의 빈 곳을 어쩌면 충분히 채워주지 못하는 게 아닐까.

공교롭게도 동일 배우인 레오나르도 디카프리오가 열연한 이 작품 〈더 울프 오브 월 스트리트〉(2013)도 이와 참 많이 닮았다. 한 사람의 인생을 조명하지만, 이 영화처럼 짭짤하고 씁쓸한 맛을 연거푸 들이키게 되는 작품도 드물다. 화면 곳곳에서 자극적인 이미지와 자극적인 대사가 서로 맞부딪히는 이 영화는 그가 살아온 영화 같은 현실을 화면 속에 축약한 것으로 배우 레오나르도 디카프리오를 좋아하는 이라면 충분히 한 번쯤 눈여겨볼 만한 작품이다. 달리 말해, 영화 속에서 표현되는 실존 인물 '조던 벨포트'의 삶은 절대 평범하지 않았고 결코 이상적이지도 않다. 마틴 스콜세지 감독은 관객의 시선을 사로잡는 자극적인 조미료 제조법을 아주 잘 알고 있다. 이 때문에 영화는 초반부터 '주식'이라는 한 단어만으로도 수식이 충분한 '조던 벨포트(레오나르도 디카프리오 분)'의 삶을 마약과 섹스, 이혼과 범죄 등의 단어들로 화려하게 채워 넣는다. 초반부의 이 평범한 인간상의 조던이 마크(매튜 맥커니히 분)를 만나 치열한 현실 속 삶에 눈을 떠가는 과정은 영화 속 인물을 응시하는 지점에서의 가장 치열하고 가장 화끈한 백미가 되는 부분이라고 할 수 있겠다.

실제의 조던 벨포트는 자신만의 시야와 판단으로 큰 주목을 받고 성장을 이뤄낸 건 아니다. 오히려 주위의 다양한 이들을 만나 그들과의 소통, 그리고 이를 기반으로 한 네트워킹을 시도해 각 상황에서의 적절한 선택과 효율적인 조화를 끌어낸 인물이라고 볼 수 있다. 마틴 스콜세지 감독은 바로 이 부분에 초점을 맞춰 여러 인물을 설정하고 또 이들과의 상호 관계의 내면을 화면 속에 고스란히 녹여냈는데, 영화 속 다양한 인물군과 여러 사건을 끊김 없이 자연스레 배치한 것도 이를 위한 장치라고 보인다. 여기에 그의 여성 편력은 물론 동업자와의 잦은 다툼과 마약에 손을 대는 과정 하나하나까지도 그의 성격과 주변을 세밀하게 훑어내어, 그야말로 영화의 타이틀이 말하는 '월 스트리트를 흐리는 한 마리 늑대'와 같은 표현을 영화 속 여러 장치를 통해 유감없이 보여주고 있다고 해도 과언이 아니다.

이처럼 여러 부분에서 앞에서 언급한 영화 〈캐치 미 이프 유 캔〉과 많은 부분 비교되는 점이 있다고 할지라도, 영화는 한 가지 차이를 비춘다. 사실 〈캐치 미 이프 유 캔〉이 프랭크와 대비되는 인물로 FBI 요원 칼(톰 행크스 분)과의 쫓고 쫓기는 과정에서의 소통에 집중하고 있다면, 이 영화 〈더 울프 오브 월 스트리트〉는 FBI 요원 패트릭(카일 챈들러 분)과의 접점을 그처럼 비중 있게 가져가진 못했다는 점이다. 조던의 인생이 여유 있는 내적 삶을 구성해내지 못했을지라도, 그 가운데 자신의 증권가에서의 영역을 차지하는 비중에 카일의 역할이 분명 있었음에 다소 아쉬운 점이 아닐까 한다. 물론 이러한 내용이 영화 속에서 큰 재미로 표현되지 못한 것도 내러티브 측면에서 좀 더 아쉬운 부분인 건 사실이고 말이다.

이렇게 놓고 보면, 조던의 삶은 '범죄'를 가운데 두고 FBI와 쫓고 쫓기는 긴장감을 표출하는 것보다 오히려 그의 활약이 증권가를 어떤 방향으로 흩뜨려 놓는지, 또 얼마나 향락에 기대어 어떤 방향으로 무너지게 되는지에 좀 더 볼만한 관전 포인트가 존재하는 게 아닌가 싶다. 어쨌거나 그는 세계 경제를 뒤흔드는 탄탄한 금융가를 배경으로 자신의 영역을 확고히 하며 오랜 시간 자리를 잡았고, FBI조차 쉽게 건드리지 못할 정도의 거물이 됐다. 영화가 보여주기 위한 극적 재미를 위해 이의 묘사를 비교적 아름답게 꾸몄을지라도, 관객의 입장에서 이를 단순한 계몽적 서사시를 담아낸 위인전으로 기대한 건 분명 아닐 것이다. 마틴 스콜세지 감독은 이 작품을 통해 '조던 벨포트'라는 금융계의 커다란 거물을 과연 어느 정도까지 객관적으로 그려내고 싶었을까? 만약 이 질문에 대한 직접적이고 구체적인 답변을 원한다면 개인적으로 절대 이 영화를 통해 제대로 된 답을 찾기란 어렵다고 얘기할 수 있겠다.

감독의 지난 필모그래피의 특성을 고려한다면 한 실존 인물에 자신의 주관을 뚜렷하게 집어넣는 성향도 존재하거니와, 조던 벨포트의 삶 그 자체가 입체적인 형상을 만들어내는 데 최적의 이력을 이어왔다는 점에서 그렇다. 결국, 영화는 다각도의 측면에서 최대한 주관적인 시선을 덧대어 '조던 벨포트'라는 인물을 그려냈고, 또 이를 통해 영화의 메시지를 최대한 솔직하게 뱉어낸다. 카메라가 읽어내는 건 한 사람의 굴곡 있는 겉면보다도 거칠게 다듬어지는 그의 내면이었다. 비록 관객이 이끄는 부분이 관찰자적인 시선으로서 인물의 삶을 훑어내는 거라고 할지라도, 비극적 서사가 주장하는 내적 갈등의 이미지는 영화의 깊이를 더해주는 부분이 분명하다. 역사는 바로 이러한 과정을 통해 좀 더 세심하게 다듬어지고 진화하는 거다.

유형과 무형으로 나뉘는 소통의 경계

소리도 없이 Voice of Silence, 2020

때로는 영화가 우리 삶의 무거운 짐을 희극처럼 바라보고 표현할 때가 있다. 이때에는 마치 기계처럼 움직이고 구성되는 하나의 구성과 공식을 발견하게 된다. 어쩌면 그건 표면적인 영화적 장치에 불과할 수도 있고, 또는 우리가 미처 눈치채지 못하는 화면 속 중요한 내면적 요소에 해당하기도 한다. 영화를 바라볼 때 이 공식은 형체를 갖기도 또는 무형의 형태로 관객을 맞이할 수도 있다. 솔직히 영화 속 여러 장면의 이야기를 받아들이는 데에는 유형의 표현이 좀 더 편하다. 눈과 귀를 통해 접하게 되는 메시지는 그 형태를 가리지 않지만, 이를 취하는 관점에서 각각의 장점만을 보고자 노력하게 되기 때문이다. 이에 반해, 형태를 보이지 않는 이야기의 표현은 움직임이 거의 없다. 이를 시각과 청각을 통해 전하는 데에도 부족함이 없지만, 그 과정에 관객이 익숙해지기까지는 시간이 걸리기 마련이다. 그런데도 형체를 가지지 않은 이야기가 하나의 구체화한 틀을 지닐 수 있다면, 그것만큼 강렬하고도 묵직한 움직임도 아마 드물 것 같다. 눈에 보이지도 귀에 들리지도 않는 이야기가 뿜어내는 힘은 그래서 사람들에게 보기 힘든 감동을 선사한다. 영화 속에서 형상이 만드는 소통의 방식은 이처럼 특별한 이야기를 전하는 과정에서 매우 중요한 기능을 한다. 영화 〈소리도 없이〉(2020)는 소통의 기제가 가진 구성의 장점을 잘 살려낸 작품이다. 이는 영화 속에서 목소리를 잃어버린 채 살아가는 태인(유아인 분)의 표정과 행동에만 국한된 것은 아니다. 오히려 영화는 '말'이 의미 전달의 매개체이지만, 그 '말'의 표현 방식이 또 다른 전달자의 행위로서 다가갈 수 있다는 점을 강조한다.

어떤 면에서 이는 순수한 '몸짓'의 그것으로 치부할

홍의정 감독은 형태가 보이지 않는 이와 같은 '소통'의 갈구를 통해,

사회를 바라보는 단면적인 시선을 지적하고 싶어 했다.

사회는 끊임없이 소통하는 듯 보이지만,

상황에 따라서는 너무나 쉽게 입과 귀를 닫아버린다.

수도 있고, 한편으로는 '대사'라는 표면적인 소리의 형태로서 그 영역을 갖춰내기도 한다. 이 영화는 각자의 인물들이 주고받는 소통의 방식에 초점을 맞추고 있다. 소리를 직접 드러내지 않은 채 이들이 나누는 그 보이지 않는 무언가에 관한 이야기가 주를 이루고 있다고 볼 수도 있겠다. 창복(유재명 분)은 늘 태인을 뒤에 두고 삶의 앞과 뒷모습을 잇고자 노력하는 인물이다. 하지만 마치 동전의 앞뒷면처럼 명확하게 구분되는 정체성을 드러내는 데에는 익숙지 않다. 그는 어떤 때에는 비틀거리고 나약한 모습으로 자신의 내면을 감추다가도 또 한편으로는 말해야 할 때 말하고, 나서야 할 때 나설 줄 아는 행동으로 자신과 태인을 보호할 줄 안다. 그가 태인과 함께 시체를 치우고 정리하는 어두운 세계의 일을 맡아왔던 것도, 단순히 금전적인 것에 대한 집착이 아닌 현실에 적응하고자 했던 그의 심리가 겉으로 드러났던 거였다. 이는 태인의 생활도 마찬가지여서 영화가 계속해서 그의 집과 사회와의 먼 거리를 에둘러 표현하고 있는 모습을 쉽게 찾을 수 있다. 여기서 태인의 집은 다소 원초적이고 현실적이며 한편으로 때 묻지 않은 날 것 그대로의 거친 면을 간직한다. 그곳은 마치 그와 여동생이 사회를 대상으로 등을 돌린 채, 현실과 마주하지 않는 불통의 현장을 대변하는 장소로 여겨진다.

어쩌면 영화 속에서 태인은 외면받은 소수를 대변하는 역할을 자처하고 있는지도 모른다. 이는 그의 겉모습에서 비치는 표면적인 장애가 될 수도 있고, 다른 시각에서는 고아로 표현되는 철저한 외로움, 때로는 또 다른 의미의 내면적인 장애를 뜻하기도 한다. 어떤 면에서든 창복은 이 때문에 그를 사회로 조금씩 끄집어내어 현실과 마주하게끔 만드는 역할을 맡았던 거다. 하지만 두 사람은 이 과정에서 누군가 자신들을 사회 속으로 꺼내주기를 기다리기 이전에, 자신을 옭아매는 제약들, 앞에서 언급한 여러 장애에서 벗어나 사람들과 자연스러운 소통을 시도해야 했다. 그들이 택한 건 불가피하게 받아들여진 초희(문승아 분)의 유괴였고, 두 사람은 이 사건으로 인해 또 다른 국면을 맞이하게 된다. 애초부터 태인은 그가 사회를 바라보는 시선의 해석을 화면에 넌지시 던지고 있었다. 시체 정리 과정에서 죽은 이의 시신으로부터 양복을 벗겨 자신의 몸에 대어보며 무리에 끼어들고자 했던 이유도 바로 그것 때문이다. 어찌 보면 이것도 사회를 바라보는 그만의 엿보기 방식이니까 말이다. 하지만 그가 초희를 통해 발견하고자 했던 멀게만 느껴졌던 사회와의 접점을 실제 구체화하는 데에는 실패하고 마는데, 적어도 그가 바랐던 사회는 더 이상적이고 비현실적인 색채를 띠고 있었다는 점에서 현실과의 괴리가 컸기 때문이라고 할 수 있다. 조화를 이뤄가는 듯 보였던 짧았던 그들의 동거는 마지막 순간에 초희가 태인을 배신하게 되면서 새로운 반전을 맞이하게 된다. 태인은 겁에 질린 듯 도망을 치고 자신이 꿈꿔왔던 세계에 대한 갈망을 뒤로한 채 결국 어울리지 않는 양복을 벗어 던지고 만다. 이는 관객의 기대에 대한 배신이자 반전일 수 있지만, 초희의 입장에서는 어쩌면 지극히 현실적이고 실질적인 삶에 대한 갈구가 아닐까 싶다. 영화 〈소리도 없이〉는 이처럼 태인과 초희의 관계를 '성장'의 관점에서 바라보며, 아이와 어른, 미성숙과 성숙, 준비되지 않은 자와 준비된 자, 그리고 책임지지 않아도 되는 이와 책임을 져야 하는 이 등으로 나눠, 이들의 정의와 역할을 사회 속에서 구분하는 모습을 보인다.

이를 통해 그들 각자가 소통의 형식과 의미를 두고 어떤 차이를 가지고 또 어떠한 단계를 거치고 있는지, 그 과정을 표현하는 데 보다 집중하는 모습이다. 홍의정 감독은 형태가 보이지 않는 이와 같은 '소통'의 갈구를 통해, 사회를 바라보는 단면적인 시선을 지적하고 싶어 했다. 사회는 끊임없이 소통하는 듯 보이지만, 상황에 따라서는 너무나 쉽게 입과 귀를 닫아버린다. 진심을 담아 마음을 여는 듯 보여도 어느새 뒤를 돌아보게 만드는 현실적인 아픔은, 그녀가 이야기하고자 하는 메시지의 무거운 부분을 담아내고 있는 게 분명하다. 태인은 '소리도 없이' 자신의 목소리를 내고자 노력하고 있었다. 삶을 이야기하고 나를 이야기하고 서로의 삶에 귀 기울이고 싶었을 거다. 그리고 지금, 이 순간에도 태인과 같은 이들이 우리를 향해 목소리를 높이고 있다. 감독은 이러한 감정에 대한 소구를 관객에게 강하게 전달하고자 영화의 마지막 장면에 단 한 번의 '플래시백'을 집어넣는다. 이는 잠깐이지만 태인이 가졌던 정상과 비정상의 경계를 가장 아름답게 구성하고 가장 아프게 표현한 장면이 아닐 수 없다. 내적 성장을 바라보는 그의 시선과 생각, 계층을 구분하는 사회의 경계가 가진 아쉬움, 그리고 사랑에 대한 간절한 시도까지도 함께 말이다. 그게 결국엔 영화 속에서 꿈과 환상으로 마무리되었을지라도, 충분히 즐기고 느낄 수 있었다면 그건 분명 행복으로 받아들여질 수 있을 것 같다. 행복은 그렇게 '소리도 없이' 내 곁을 왔다가 '소리도 없이' 사라져 버린다.

언젠가 잘리고, 회사는 망하고, 우리는 죽을 뿐

파고 Fargo, 1996

어디엔가 하나에 빠져들면 다른 하나를 놓치곤 했다. 언제나 이루는 성과에만 급급했지, 잃어버릴 것에 관한 결과까지는 계산하지 못한 것 같다. 한창 차이나펀드가 유행할 때도 그랬다. 은행 담당자의 조언에 전혀 생각지도 않게 뒤늦게 차이나펀드에 뛰어들었는데, 단돈 500원의 수익에 기뻐 방방 뛰고 난 후, 무려 5백만 원의 내리막 기억만 씁쓸하게 남았다. 알고 보면 일도 사랑도 지나치게 집착하다 보면 으레 잃어버리는 게 존재한다. 대학원 진학으로 남들보다 뒤늦게 사회에 뛰어들었던 나는 원치 않게 워커홀릭이 되어 매일 퇴근이 새벽을 넘기기가 일쑤였다. 건강을 다 잃은 후 정신이 번쩍 들면서 때론 내가 '왜' 살고 있는지, '무엇'을 위해 열심히 일하고 있는지를 진지하게 고민하게 됐다. 밥벌이 16년 차에 접어든 지금의 입장에서는 참 우스운 고민이지만 말이다. 인생은 그냥 사는 거고 이왕 사는 거 잘 살아보는 거다. TV 예능 프로그램에 출연한 어느 직장인의 멋진 외침처럼, '언젠간 잘리고, 회사는 망하고, 우리는 죽는다.' 출근길 매일 드는 생각은, 무언가에 너무 집착하지 말고 매몰되지도 않으며 심신이 건강해야겠다는 생각뿐이다.

무언가에 매몰될 때면, 시선이 흔들리기 마련이다. 사람의 눈동자가 흔들리는 건 거짓을 말하고 있다는 증거다. 그 거짓은 사람과 사람 사이의 신뢰에 금이 가게 만든다. 결국, 대화를 잃게 되고 마음을 잃게 되고 사람을 잃게 된다. 살아가는 데 '돈'이 참 중요한 건 사실이지만, 누구에게나 주어진 시간이 똑같다고 생각하면, '돈'에 할애한 만큼 비교되는 시름은 여전할 거다. '집착'과 '거짓'이란 단어를 떠올리면 조엘 코엔 감독의 1996년 작, 영화 〈파고〉(1996)가 자연스레 떠오른다. 이는 미국 노스다코

다주 파고(Fargo) 지역의 한 자동차 영업부장의 순간적인 실수가 그를 파국으로 치닫게 만드는 과정을 냉철한 시각으로 그려낸 작품이다. 이야기가 실화임을 이미 밝히고 시작되는 건, 특별한 연출력을 논하기에 앞서 실제 있었던 일이라는 점을 강조해 현실감과 함께 그로 인한 생각을 깊게 만들고자 한 이유 때문일 것이다. 물론, 여기서 말하는 현실감이라는 게 관객에게 '실수'가 '파국'으로 이어지는 아찔함을 전하는 데 가장 잘 사용됐다면 좋으련만, 이 작품은 다소 캐스팅에서 많은 아쉬움을 남기기도 했다. 앞에서 언급한 '흔들리는 시선', 이 눈동자의 움직임이 어떤 박자를 타고 있느냐가 개인적으로 많이 아쉽기도 하다.

어쩌면 제리(윌리암 H.마시 분)가 어떤 연유로 빚에 쪼들려 돈에 집착하게 됐는지, 앞의 사연부터 구구절절이 좀 더 펼쳐놓았다면 관객의 집중력을 높이는 데 도움이 됐을 수도 있겠다. 같은 화면일지라도 그 목적과 표현 방식에 따라 키포인트를 따로 두는 일도 있으니 말이다. 이야기의 순서는 목적과 방식에 맞춰 적절한 강세를 펼쳐가는

데, 이는 제리의 돈에 대한 집착보다도 아내의 유괴와 협박으로 이어지는 이유를 풀어나가는 데 도움을 준다. '연극'이 무대라는 공간을 통해 관객을 향한 현실감을 중요시하고, '드라마'가 시리즈 형식을 감안해 이야기의 구성에 좀 더 초점을 맞춘다면, 약 2시간 분량의 영화는 연출과 연기의 조화에 더욱 신경을 쓰는 것 같다. 현실 감각을 더하는 무대도, 2시간 이후의 시간적 배려도 없다는 점에서, 짧게 주어진 기회를 최대한 잘 살려야 한다. 그게 영화의 한계이고 또 이게 영화의 매력이다. 주인공 제리가 전체적인 사건을 리드하는 부분에서 그의 시선이 얼마나 중요한지를 강조하는 부분이라 하겠다.

조엘 코엔 감독은 시점의 분산을 이처럼 통일감 있게 나누는 실력이 다분하다. 영화 〈노인을 위한 나라는 없다〉(2007)에서 르웰린 모스(조슈 브롤린 분)와 안톤 시거(하비에르 바르뎀 분), 그리고 에드 톰 벨(토미 리 존스 분), 세 사람의 시선을 제각기 한곳에 모으는 부분만 봐도, 얼마나 그럴듯한 삼각 구도가 형성되고 있는가 이 말이다. 사운드 하나 흘러나오지 않는 황량한 화면 속에서 상당한 긴장감을 연출하는 특유의 실력은 코엔 형제(에단 코엔, 조엘 코엔)가 아니고서야 상상하기 힘든 영역이다. 그런데도 감독은 이 작품에서 역할의 균등한 배분을 시도하지 않는다. 아마도 사건이 만드는 쫓고 쫓기는 긴장감보다 우연한 사고가 또 하나의 사건으로 이어지는 '우연'의 아찔함이 연출의 강세를 자처하고 있어서가 아닐까 싶다. 어쩌면, 이게 이 작품의 가장 두드러진 장점이자 매력이다. 분명 주연과 조연, 리더와 팔로워의 역할이 분명하게 나뉘면서도, 화면 속 여러 요소가 조화를 이뤄내지 못하면 이야기 흐름의 질서가 엉키게 되는 점이 다분하니까 그렇다.

'돈'이 무서운 게 아니라 '사람'이 무섭다. 장인 웨이드(하브 프레스넬 분)의 배려가 조금이라도 있었다면, 그는 아내를 잃지 않았을 수도 있다. 우연한 사고가 우연한 사건으로 연결되는 이 악랄한 현실은 어쩌면 긴장보다 사실을, 이야기보다 교훈을 우리에게 던지고 있다. 여기에 사건을 풀어가는 경찰 마지(프란시스 맥도맨드 분)는 그 자체만으로 또 하나의 시선을 형성한다. 그러니까 제리의 시선을 흔들리게 만드는 또 다른 영역으로 말이다. 이 점에서 인물의 시선은 나름 서로 맞닿는 영역을 형성하는데, 이러한 부분이 영화의 재미로 이어진다. 후반부에 등장해 사건을 추적하는 그녀의 영역은 관객의 시선과 그대로 맞닿는다. 마치 연극에서의 무대처럼 사실적이고 이상적인 추적을 통해 사건을 파헤치고 제리의 심신을 통째로 흔들어 대는데, 앞에서의 영화 〈노인을 위한 나라는 없다〉처럼 에드 톰 벨과 유사한 역할을 엿보여 감독의 연출 스타일을 그대로 드러내는 부분이라는 생각이다.

그럼에도 불구하고, 영화는 흔히 비유하는 구석에 몰린 쥐의 '초조함'을 비추나 반면에 '반항심'이 아닌 '선택'의 위험성을 그대로 경고하는 익숙한 결론을 내린다. 결국, 한순간이라고 판단했던 사건의 틀이 일정치 않게 깨지고 뒤늦게 알아챈 듯해도 주워 담지 못하고 흘려내리는 지점이, 있는 그대로의 메시지를 채워준다는 점에서 말이다. 파고(Fargo)에 끝없이 내리는 눈은 사건이 흘러가는 막막함의 무게를 담고 있으면서도, 그 색깔만큼이나 속내를 직감하게 만들기도 한다. 순진하면서도 어리석은 선택이 가져올 파국을 어떤 방식으로 엮어내고 있는지를 관객에게 상기시키는 것과도 같다. 범인들에게 건네진 씨에라 자동차 또한 아주 깨끗한 새 차임을 거듭 강조하는데, 마치 아무 일도 없었던 듯 깨끗하게 돌아올 줄만 알았던 그 자동차 역시 결국엔 붉은색 '피'로 물들고 만다. 무엇이 사건을 이토록 어리석게 이끌고 갔을까? 그저 인생은 '언젠가 잘리고, 회사는 망하고, 우리는 죽을 뿐인데.'

Scene 2

영화라서 다행이야

당신이
곧 미끼다

랑종 The Medium, 2021

사람은 외로울 때 공포를 느낀다고 한다. 반대로 생각하면 누군가와 함께 있을 때 그 상황을 견뎌 스스로 공포를 반감시키는 것 같다. 그래서 공포 영화 속 어느 상황도 먼저 함께 있는 이들을 나누거나 없애거나 그렇게 주인공을 홀로 만들어 버린다. 개인적으로 무서움을 잘 타지 않는 편이긴 한데, 그렇다고 오싹하거나 깜짝 놀라는 분위기를 즐기지도 않는다. 누구나 그렇듯 항상 혼자일 때가 문제였고 돌이켜보면 그게 하나의 '외로움'으로 형상화된 것 같다. 사람은 언제나 외롭다. 그 외로움을 어떻게 받아들이고 내면에 정착시키는가에 대한 문제는 고민이 깊어지는 문제다. 그래서 누군가를 만나서 함께 놀고 의지하고 표면적인 과시를 드러내기도 한다. 반대로 이 불안감이 신을 향한 하나의 믿음으로 나타나기도 하고 말이다. 알고 보면 종교는 인간의 부족한 부분을 메우려는 모양새가 어떤 방향에 대한 해석을 하나의 형태로 형상화한 것과 같다. 쉽게 이해하고 받아들일 수 없는 부분을 스스로 해석하고 결단을 내리는 것으로 믿음을 취해버리는 거다. 신은 우리를 그렇게 만들었다.

나홍진 감독의 영화 〈곡성〉(2016)은 흔히 공포의 영역으로만 해석하는 경향이 많은데, 이를 다르게 보면 '믿음'의 메시지를 곳곳에 자주 남기고 있는 걸 쉽게 찾을 수 있다. 눈으로 직접 봐야 믿을 수밖에 없는 인간 내면의 저한계는 어쩌면 당연하기도, 또 불완전한 부분이기도 하다. 그런데도 이 영화는 여기에 또 다른 메시지 하나를 더 안긴다. 그건 바로 '이유'다. 형상으로 나타난 영역에 대한 믿음이 내재화될 때 사람들은 도대체 '왜'라는 질문을 던지게 되는데, 이 작품은 그에 대한 답변을 아무렇지 않게 제시한다. 그야말로 '백지' 그 자체라는 거다. 이는 강한 인상의 대사에서도 나타난다. "그놈은 그냥 미끼를 던진 것뿐이고, 자네 딸은 그 미끼를 확 물어버린 것이여." 라고 얘기하는 강렬한 임팩트의 대사 한 마디는, 관객도 함께 눈동자를 굴리는 '이유'의 영역에 대한 친절한 해답을 제시하지 못한다. 그야말로 신의 영역과 경계를 나누는 형국이라 하겠다. 이 점에서 영화 〈랑종〉(2021)도 이와 비슷한 메시지를 남기고 있다는 생각이다. 마치 〈노인을 위한 나라는 없다〉(2007)에서 아무 이유 없이 미쳐 돌아가는 사회에 대한 비판을 강하게 열어젖히듯 말이다. 이웃에 어떤 일이 벌어져도 누구 하나 쳐다보지 않거나 도움의 손길 한번 건네지 않는 세상. 사람들은 그 이유를 열심히 찾아보지만, 이를 쉽게 분석하고 해결책을 내어놓는 건 사실상 이론에서나 가능한 영역일 뿐이다.

영화 〈랑종〉에서 결국 님(싸와니 우툼마 분)의 퇴장은 바로 이와 같은 효과를 낳는다. 영화 〈노인을 위한 나라는 없다〉(2007)에서 르웰린(조슈 브롤린 분)이 갑자기 퇴장해버린 것과 같이 급작스러운 허무함을 던지는 게 아니다. 오히려 등장인물 이외의 또 다른 시선, 다시 말해 계속해서 카메라가 돌고 있지만 어떤 역할 하나 해주지 못하는 그 시선을 마주하는 이유를 관객에게 직접 던지고 있는 거다. 영화는 시작부터 내내 모큐멘터리(mockumentary) 스타일을 표방하는데, 이처럼 완벽한 리얼리즘을 추구하지는 않는다. 상식적인 부분을 벗어나 관객을 배려하는 점은 영화 〈클로버필드〉(2008)를 닮았다. 눈앞에서 어떤 일이 벌어져도 어떻게든 끝까지 카메라를 붙잡고 들이미는 부분은 어떤 면에서 친절하게 여겨지기까지 하다. 하지만 이러한 점이 리얼리티의 공포를 제대로 끄집어내고 있는가에 대한 질문은 잠시 뒤로 밀어 둘 필요가 있다. 오래전 영화 〈블레어위치〉(1999)에서도 그랬고, 〈곤지암〉(2017)에서도 드러났듯이, 분명 파운드 푸티지(found footage) 형식의 장점을 제대로 살리지 못할 바엔 애초부터 건드리지 않는 게 더 낫기 때문이다. 반면 급진적인 이야기 전개로 모든 영역을 한 번에 담지 못할 바엔 관객을 위한 상세한 설명서를 제공하는 장점도 있다. 단, 관객이 이야기를 수용할 때 굳이 다른 생각을 하게 될 바엔 말이다.

영화 〈랑종〉은 풀어놓은 미끼는 많지만 그걸 문 사람

은 쉽게 찾기 어렵다. 제작자인 나홍진 감독의 전작 〈곡성〉과의 연계를 통해 해석의 범위를 넓힐 수 있는 부분도 존재하지만, 이 경우는 조금 다르지 않나 싶다. 주인공인 랑종(무당)을 내세워 샤머니즘의 영역을 제시하면서도 정작 이야기의 주제는 이와는 다른 영역을 맴돌고 있기 때문이다. 그저 그런 현실감과 그저 그런 공포의 조화는 초반만큼은 확실히 관객의 눈길을 잡아끌지만, 유사 스타일의 영화들과 큰 차이를 드러내진 못한다. 영화 〈곡성〉이 신선한 구성과 이야기를 토대로 장점을 살려냈던 것처럼, 좀 더 파운드 푸티지의 몰입도를 살려줬더라면, 그리고 〈사바하〉(2019)처럼 이야기 구성을 더욱 치밀하게 잡아줬더라면, 적어도 후반부에 들어서 오직 한 배우의 연기력에 기대는 우를 범하지는 않았으리라. 말했듯이 눈여겨볼 수 있는 부분은 확실히 주인공 밍(나릴야 군몽콘켓 분)의 연기뿐이다. 미친 듯 리듬을 타는 신들린 연기는 관객이 기대한 숨통을 조이는 제대로 된 공포를 선사하는데 충분하다. 그녀는 상황에 맞는 연기를 할 줄 안다. 빙의의 단계가 다음 페이지로 넘어갈수록 아주 약간씩의 차이를 드러내며 한 단계씩 위로 오른다. 욕을 마구 내뱉는 순간에도,

카메라 또는 CCTV 등을 통해 관객과 시선을 교감할 때도, 가족을 포함한 사람들을 대하는 표정과 행동에서도 진지함을 넘어서는 진한 경계가 눈에 띄게 나타난다고 할 수 있겠다.

영화는 타이틀에서도 드러나듯이, 초반에는 '님'을 중심으로 이야기가 시작되지만, 어느 순간부터 그 시선을 '밍'에게 넘겨 앞의 속도와는 다른 분위기의 급진적인 전개를 시도하는 편이다. 이러한 시선의 변화는 서사를 구성하고 풀어내는 측면에서 장점과 단점을 확실하게 구분한다. '님'이라는 스토리 리더(story leader)를 확고히 하고 나서도, 명확한 역할을 제시하지 못하는 점은 관객의 시선을 오히려 흩뜨려 놓게 된다. 여기에 이미 '밍'으로 전환된 부분은 스토리를 채 움켜쥐지 못하는 모습이다. 이야기 자체가 '밍'이 아닌 빙의된 악마, 혹은 수많은 혼령 전체에게도 이미 모였기 때문이다. 이때부터 영화는 마치 고전 영화 〈엑소시스트〉(1973)의 그것처럼 영(靈) 그 자체가 아닌, '과연 주인공이 어떻게 이를 치료해낼 수 있을 것인가?'에 모인다. 하지만 영화 〈랑종〉은 이를 엑소시즘

(exorcism us)의 의미보다는 오히려 〈콘스탄틴〉(2005)에서의 초반부 강한 인상처럼 그 의식과 풀이에 신경을 더 썼을 뿐이다. 퇴마의식을 앞두고 디데이(D-day)를 나눠 '밍'의 변화를 들여다보는 하나하나의 단계가 오히려 지루함으로 변한 결과다. 이때부터 화면은 아무리 곳곳에 공포를 주입하고자 해도 관객의 머릿속은 엑소시즘 자체만으로 흔들리게 될 뿐이다.

영화는 길게 이끌고 온 랑종(무당)의 숙명을 제대로 풀어헤치지 못한 채 마무리를 어정쩡하게 덮고 만다. 이러한 결말에 옳고 그름을 나눌 수는 없지만, 분명 영화를 통해 재미를 기대한 관객의 입장에서는 실로 아쉬운 부분이다. 바로 이 부분이 앞에서 언급한 그 '이유'의 영역과도 직결되고, 말이다. 사람들은 자신이 이해하지 못하는 부분을 두고 해석을 위해 학술적인 풀이를 끄집어내곤 한다. 하지만 언제나 이게 반드시 정답이라고 볼 수 없는 영역 또한 존재하고 있음을 인정해야만 한다. 과학과 종교가 동시에 공존하고, 이해와 미지의 영역 또한 그 경계를 쉽게 나눌 수 없음은 우리가 사회를 받아들이고 더 나아가 인간을 해석하는 전제가 될 수 있기 때문이다. 영화 〈랑종〉이 선보이고자 한 공포는 〈곡성〉의 공포와는 전혀 다르다. 〈곡성〉이 인간 심리의 이면을 세심하게 건드렸다면, 〈랑종〉은 시각과 청각 등이 우선되는 말초적인 감각에 주목한다. 공포의 무게를 비교하는 걸 떠나, 그 방향이 기대를 채우지 못하고 있음은 다소 아쉽다. 하지만 작품의 기능만을 고려할 때, 반종 피산다나쿤 감독이 제시한 초기의 목적만큼은 충분히 달성했다는 생각이다. 그는 충분히 '미끼'를 던졌고, 누군가는 그 '미끼'를 물어 젖힐 테니까 말이다. 낚시라는 게 꼭 대어를 잡아야 맛은 아니다. 강태공이 기다리고 있는 건, 어쩌면 삶이 전하는 소소한 기다림의 맛이다.

지금 이 순간이 곧 영화다

미스트 The Mist, 2007

영화는 때론 황당한 경계의 무지를 고민하게 만든다. 세상이 빙빙 거꾸로 도는 그 아련한 선(線)의 경험은, 유독 네모난 스크린 안에서만 힘을 가진다. 한데, 나로서는 이 황당함을 벗어나기 위해 영화를 보고는 했다. 참으로 아이러니한 사실이다. 현실이 영화보다 더 거칠고 더 황당한 사건과 사고로 즐비해서다. 우리는 가끔 영화를 보면서 상식적인 이해를 받아들이지 못할 때 '이건 영화일 뿐'이라고 말한다. 한낱 '상상의 장(場)'으로만 치부하는 거다. 과연 그럴까? 물론 마블(MARVEL)의 '슈퍼히어로'까지는 아닐지라도, 현실 속 세상을 구하고 움직이게 만드는 이들은 지금, 이 순간 현실 속에도 존재한다. 위급 상황에 바람처럼 달려오는 119대원이나 경찰들, 아플 때 병을 낫게 해주는 응급실 의료진마저도. 바꿔 생각하면 삶을 개선하고자 몰두하는 연구자나 정책의 입안 결정자들까지도 모두가 슈퍼히어로가 아닐 수 없다. 영화는 현실을 있는 그대로 투영한 매체일 뿐, 그저 이를 황당한 경계로 굳이 이미지화시켜 선을 그어 놓은 거다. 영화를 얘기할 때 늘 주제를 찾기에 급급한데, 단지 영화의 줄거리가 이렇고 메시지가 어떻다는 얘기보다도 해석의 관점을 찾는 게 사실 더 어렵다. 물고기를 잡아주는 게 아니라 낚시하는 법을 알려주는 게 더욱 중요한 것처럼. 여전히 대학의 영화 전공 강의는 다양한 기법 해석에 여념이 없다. 관객의 시선이 어디에 꽂혀 있는지는 과연 잘 알고 있는 걸까?

시작은 창대했는데 마무리가 아쉽고 허망한 작품들이 수없이 많다. 내겐 〈2009 로스트 메모리즈〉(2001)가 그랬고, 지금 끄집어내고자 하는 영화 〈미스트〉(2007)도 그중 하나이다. 스토리만 얘기하자면 당연히 그럴 수밖에 없다. 인간 심리의 끝부분인 '두려움', 그리고 '좌절'과 '포기'를 철저하게 건드려놓고선 갑자기 화면을 새로운 '희망'으로 전환했으니 말이다. 이 정도면 연출을 맡은 프랭크 다라본트 감독에게 욕을 마구 퍼붓고 싶지만, 달리 보면 이 점이 바로 인간 심리의 마지막 선을 냉철하게 건드리고 있다는 점에서 새롭게 주목할만한 여지도 보인다. 적어도 내게는 그렇다는 얘기다. 누가 봐도 맥락 없이 갑작스레 안개 속 괴물들을 쏟아부은 사건은 영화 〈클로버필드〉(2008) 시리즈와 연결해도 부담 없을 정도다. 그 정도로 영화는 앞뒤 맥락은 잘라버리고 오직 사람들을 무대 위에 바로 올려놓아, 상황에 따른 그들의 행동을 날카롭게 분석한다. 가족을 우선시하는 이도 있고, 귀가 얇아 사람들 말에 혹하는 이도 있다. 직접 눈으로 보고 나서야 믿는 사람도 있는 반면에, 자신만 생각하는 이기적인 사람도 존재한다. 또 사람들을 선동해 자신의 말에 설득력을 부과하는 이도 있다. 한 공간 내에서 여러 이면이 부닥치도록 내러티브의 구성을 다채롭게 설계해, 보는 이의 재미를 늘리는 건 이 영화의 장점이기도 하다. 영화는 이처럼 안전하다고 생각하는 슈퍼 안 공간에 머무르는 이들과 가족을 구하고 보다 안전한 곳을 찾기 위해 밖으로 나서는 이들로 상황을 구분해, 첫 번째 심리 단계의 행동 해석을 날카롭게 시도한다.

안개(미스트)에 가려 결과를 알 수 없는 곳과 상대적으로 안전을 확보한 슈퍼 안 공간 사이의 이러한 심리적 경계는, 글의 초반에서 잠시 언급한 황당한 경계의 무지를 인식시키는 지점으로 작용한다. 내가 결정할 수 '있는 것'과 '없는 것'을 나누고 행동의 결과를 가늠하기 어렵다는 점 때문이다. 그야말로 인생의 기다란 틀에서 곳곳에 놓인 선택과 행동의 경계를 빗대고 있는 장면이라는 생각이다. 여기까지만 놓고 보면 프랭크 다라본트 감독의 연출은 꽤 직선적이고 단순하면서도 또 이해하기에 그리 어렵지 않다. 내 선택에 따른 결과는 내가 책임지고 또 그 결과가 어떻게 될지는 아무도 모른다는 점에서 공평하게 나뉜 시선에 주저함과 부끄러움이 없는 것도 그 때문이다. 하지만 유독 카메라는 그들을 바라보는 시선을 슈퍼 안 공간에 오랫동안 머물러 군중 심리의 변화를 툭툭 건드리는 눈치다. 일반적인 측면에서 절대다수라고 생각해서일까, 혹은 결말의 반전을 예고하고 있어서일까? 하지만 그 안에서도 여전히 사람들은 자신과 타인을 구분 짓기 좋아하고 상황에 따라 자신을 강조하는 모습이 보일 때, 이 작품은 분명 색이 강한 심리전을 다루는 것에 목적이 있음을 알게 된다. 누구나 칭찬하고 격려하며 누구나 안타까운 마음을 감추지 않는 대상도 있지만, 카모디 부인(마샤 게이 하든 분)처럼 증오와 경멸의 대상이 되는 이도 존재해서다. 그렇기에 이 작품은 철저하게 심리의 이면과 끝을 마치 거울처럼 낱낱이 드러낼 줄 안다. 사실 그게 우리 자신을 묘사하는 솔직한 시선이니까 말이다.

슈퍼 안의 사람들은 오랜 시간을 견디지 못한다. 안전하다고 생각했던 그곳은 이윽고 정체 모를 괴물들이 슈퍼 안까지 쳐들어오면서 더는 안전하지 않은 곳이 돼버렸기 때문이다. '안전'과 '비안전'의 경계는 그 선을 달리할 줄 알았지만, 바깥의 안개가 던지는 것만큼이나 모호하다. 내가 살고 있는 집이 언제 무너져 내릴지, 언제 화재가 발생할지, 또 내가 운전하고 있는 자동차가 언제 교통사고가 날지, 알 수 없는 미래는 마치 안개처럼 구체적이지만 늘 모호하고 그 경계에 선을 긋지 않는다. 프랭크 다라본트 감독은 이를 나누는 관점에 있어서 균형 잡힌 시각을 두고자 노력하지만, 곳곳에서 비추는 시선의 틀이 안전한 곳의 부재(不在)를 가리키고 있음을 냉철하게 얘기할 수밖에 없다. 슈퍼마켓처럼 생필품이 가득한 공간마저도 그 틀을 강하게 부숴버리는 건 우리 삶의 현실을 제대로 직시하고자 한 감독의 유일한 메시지였을 거다. 결국, 그 안의 구성원은 안전을 확보하기 위해 그곳을 떠나 모험을 하게 되고, 그 모험의 끝은 계속된 안개 속으로 빠져들어가 다시는 헤어 나오지 못하는 상황에 부닥친다. 내가 이제 할 수 있는 게 없다고 생각하는 순간, 그 허무함은 어느 정도의 경계에 서게 되는 걸까? 감독 프랭크 다라본트는 가족의 죽음까지 제시하며 인간이 겪을 수 있는 최전선의 말로(末路)를 관객들에게 주저 없이 던진다. 말초적인 감각을 벗어나 상식적인 궁금증, 도대체 '왜'라는 이유에 관한 질문마저도 함께 말이다.

이쯤 되면, 관객이 가진 치열한 현실과 영화 사이의 경계, 자신과 타인의 경계를 구분하는 것조차 무의미한 지경에 이를지도 모른다. 분명 러닝타임 내내 감독이 제시하고 있는 건, 앞에서 언급한 인간 심리의 다양성과 이의 조화가 불러온 부조화, 그 안에서 현실에의 안주와 모험, 그리고 도전이 삶의 경계를 나누는 측면이 강했기 때문이다. 하지만 감독은 마지막 장면의 강렬한 반전에 이르러 이러한 틀을 완전히 깨부수고 만다. 이 장면에서 얻는 실로 '허무함'의 극치는 단지 이야기 구성 때문만이 아니라, 그가 지금까지 이끌고 왔던 '균형' 때문이다. 나름 균형 잡힌 시각을 보여 왔다고 생각했던 그 부분이 완전히 무너지면서 반전을 만들어내는 건, 아마도 그 속에서도 '좌절'을 '희망'으로 끌어내고자 했던 이유가 아니었을까 싶다. 하지만 이야기의 완벽한 반전이 그러한 메시지마저도 순순히 받아들이지 못하고 오히려 거부하게끔 했다는 생각이다. 아쉬움은 바로 그 때문이다. 영화의 색과 톤을 조금만 옅게 가져갔더라면, 그 맥락과 어울려 마지막 장면을 부담 없게 만들었을 텐데. 하지만 감독의 주장은 여전히 확고하다. 삶의 이면은 냉철하지만 다양하고, 때로는 어리석지만 희망을 품어야 한다는 사실을 말이다. 아마도 우리는 영화를 보면서 자주 거울을 들여다봐야 하는 건지도 모른다. 현실이 그렇고, 지금 이 순간이 곧 영화다.

소통과
공간의
간극 속에서

이 안에 외계인이 있다

There is an Alien Here, 2019

폐쇄적인 공간에서의 소통은 갑론을박의 열띤 과정을 거쳐 또 다른 갈등의 야기를 이끄는 경우가 많다. 무엇보다 외부와의 단절로 인한 공포감, 그리고 그것으로 인한 존재의 불투명이 공간을 구성하고 있는 이들의 위기로 이어지기 때문이다. 사전에서는 공간(space)을 '어떤 물질이나 물체가 존재할 수 있거나, 어떤 일이 일어날 수 있는 자리'로 정의한다. 사전적 의미만을 보면 유형적인 개념보다 공간을 메우고 있는 무형적인 움직임, 즉 사람들의 대화, 행동, 기운, 그리고 이를 통해 오가는 서사의 개념을 좀 더 서술하는 듯하다. 정리하면 이러한 것들은 공간이 그저 '소통의 단절'이라는 형식적인 것으로 작용할 뿐, 내부에서 발생하는 보이지 않는 '무형의 서사'가 보다 큰 영향력을 가진다는 거다. 흔히 영화는 이 부분을 세밀하게 파고들어 관객에게 전달할 줄 아는데, 이 또한 영화라는 매체가 가진 형식, 즉 크고 작은 사각형의 화면 속에서 오직 카메라 렌즈와 귓가를 울리는 청각적 요소의 그것을 빌리는 경우가 크기 때문이다.

영화 〈이 안에 외계인이 있다〉(2021)는 빈센조 나탈리 감독의 영화 〈큐브〉(1997) 또는 존 에릭 도들 감독의 영화 〈데블〉(2010)처럼 '공간'이 가진 특징을 제대로 활용할 줄 안다. 언급한 영화의 공통점은 각각의 인물을 묘사하는 배경을 최대한 배제하고 주어진 화면에만 몰두한다는 사실이다. 불필요한 설명을 최소화해 관객이 인물에 감정을 이입할 수 있는 여지를 삭제해버렸다. 이는 공간을 구성하는 인물 사이의 무게를 동등하게 만들어, 관객이 '인물'을 사전에 단정 짓는 틈을 내보이지 않는다. 이렇게 되면, 감독으로서 공간을 설계하기가 무척 쉬워질 거다. 자신이 원하는 방향으로 제각기 인물을 배치해 이야기를 받아들

영화 <이 안에 외계인이 있다>는 자극적인 화면과 충격적인 요소를
원하는 이들에게는 분명 심심한 측면이 강하겠지만,
마치 연극에서의 그것처럼 하나의 무대를 통해
각각의 숏이 가진 기능을 자극하는 걸 즐기는 사람이라면
누구나 충분히 즐길 수 있는 요소를 많이 가지고 있는 영화다.

이는 관객을 아주 쉽게 유도할 수 있기 때문이다. 〈이 안에 외계인이 있다〉는 그런 점에서 '공간'을 아주 제대로 활용하는 영화다. 외계인의 침공으로 인한 대피 공간이라는 정의는 등장인물의 유입을 자연스럽게 만들고, 여기에 각자의 사연을 더해 인물의 성격을 간접적으로 드러낸다. 재밌는 부분은 이를 구성하는 서사는 거의 제공되지 않고 모든 이야기가 화면 속 '공간'에서만 진행된다는 점이다.

외계인이 침략하고 가족과 친구를 잃은 각각의 인물들은 아주 힘겹게 대피 공간으로 몰려든다. 이들의 말과 표정, 행동은 하나하나 너무나 드라마틱하다. 하나의 공간 내에서 어떤 이들은 서로 눈이 맞아 사랑에 빠지고, 어떤 이들은 동호회 회원 가입 여부를 놓고 주먹다짐을 하거나 옛 애인과 말다툼을 한다. 남은 두 달 치의 식량은 그들의 생사를 가를 중요한 사안임에도 불구하고, 그들은 이를 전혀 개의치 않은 채 편히 카레라이스를 먹거나 콜라를 벌컥벌컥 마시기도 한다. 감독이 영화를 통해 주장하는 건 다분히 흔한 소재에서 제시되는 삶과 죽음의 긴장된 연속이 아니다. 오히려 이를 통해 삶을 해석할 수 있는 해학적 메시지라 할 수 있다. 마치 영화 〈지구를 지켜라〉(2003)가 마지막까지 쥐고 있던 지구 환경에 대한 경고가 단 한 번의 손짓으로 깨끗하게 해소되는 것처럼, 이 또한 지구가 아닌 '인간'을 바라보는 시선을 '외계인'을 빌려 지적하고 있다고 하겠다. 영화가 제시하는 마지막 반전의 그것 또한 이러한 시선이 반영된 결과라는 생각이다.

앞에서 얘기한 배경에 관한 이야기를 좀 더 해보자. 영화는 진실과 거짓의 모호한 경계를 늘어놓고 결코 친절한 서비스를 서두르며 제시하지 않는다. 내러티브의 흐름은 인물에서 인물로 순서에 맞게끔 전달되지만, 각각의 숏이 구성하는 시선은 전혀 날카롭지 않다. 인물은 각자의 이야기를 내포하지만 쉽게 속내를 드러내 보이지 않아 전지적 시점에서의 참과 거짓을 구분하기에 어렵다는 얘기이다. 이러한 부분은 러닝타임 내내 관객들을 오리무중의 심리로 끌어들이는데, 바로 이 부분이 영화의 재미는 물론 눈여겨봐야 할 포인트라고 할 수 있다. 주연과 조연의 경계에 대한 모호는 물론, 이야기의 무게조차 쉽게 감을 잡지 못해 이야기를 읽어가는 이들의 속내를 줄곧 타들어

가게 만들기 때문이다. 물론 눈에 보이는 배우의 이미지가 영향을 미치지 않는 건 아니지만, 객관적인 시선에서의 평가는 이 순간 다른 측면으로 잠시 넘겨두어도 괜찮겠다.

여기에 외계인의 그것을 색다른 형식으로 풀어놓은 점도 영화의 재미를 돋운다. 노란색으로 채워진 액체 형태의 외계인은 자유로운 외형과는 달리 심리적인 안정을 이끈다. 흔히 노란색은 자신감과 낙천적 태도를 대표하는가 하면 생활 속에서 어떤 측면에서의 방어적 의미, 즉 조심하거나 주의를 표할 때 사용되는 등 안전색채로의 의미를 많이 지니고 있어서다. 그런 점에서 이 영화가 외계인을 노란색 액체로 표현하고 있는 점은 아주 독특하면서도 결말에 대한 암시를 상당 부분 표하는 의미가 강하다. 영화가 가지는 내러티브의 패턴은 이미 제한된 공간과 인물 구성의 그것을 살펴볼 때, 롤러코스터를 오르내리는 스타일은 분명 아니다. 이 때문에 이러한 구조를 파헤치기 위한 해석 과정에서 어떤 의미로서의 결말의 소용돌이를 최대한 표현하는 게 자신의 애초 의도를 충분히 드러내는 방법이 아니었나 싶다. 어쨌든 최은종 감독은 그러한 방식으로 자신만의 반전을 택했고, 이러한 의도 또한 소기의 성과를 거두었다는 생각이다.

영화의 결말이 드러내는 반전은 단지 외계인의 정체가 드러나는 것에 그치지 않는다. 사람들의 추리가 절정에 이르기까지 외계인의 정체는 이 사람에서 저 사람으로 마구 옮겨 다니며 갈팡질팡할 수밖에 없는데, 전체를 골고루 아우르는 적절한 시선 배분은 영화를 보는 이들의 추리를 화면에 놓인 시선 속에 완벽히 가두는 역할을 한다. 거기에 애초부터 벙커, 즉 대피 공간을 의미하는 화면 속 유일한 공간(room)은 정전 사태를 거치며 유일한 출구였던 입구가 봉쇄되고, 이를 통해 이 순간부터 밀실(secret room)의 그것으로 발전하는 모습을 보인다. 이는 그동안 그곳이 안전하다고 생각했던 사람들의 심리를 불안하게 만들어 서로를 의심하고 공격하고자 하는 본성을 깨우는 계기로 작용한다. 즉 앞에서 언급한 결말이 드러내는 반전은 외계인의 정체뿐만 아니라, 단순한 공간(space)의 개념이 또 다른 의미의 공간(room)으로 변하게 되는 통로로 받아들이게 된다는 얘기이다.

영화 〈이 안에 외계인이 있다〉는 자극적인 화면과 충격적인 요소를 원하는 이들에게는 분명 심심한 측면이 강하겠지만, 마치 연극에서의 그것처럼 하나의 무대를 통해 각각의 솟이 가진 기능을 자극하는 걸 즐기는 사람이라면 누구나 충분히 즐길 수 있는 요소를 많이 가지고 있는 영화다. 특정 공간의 용도와 의미가 어떻게 변화하는지, 그리고 특정 인물의 성격과 배치가 어떤 구조를 지니고 있는지를 조금씩 추리하며 영화를 볼 수 있다면, 분명 그 안에서 재미와 흥미를 찾을 수 있는 여지가 충분하지 않을까 싶다. 물론 외계인을 주제로 한 영화치고는 눈에 띄는 스펙터클한 영상미가 부족한 점이 다소 단점이긴 하지만, 화면이 전달하는 시청각적 특징을 최대한 배제한 채, 순수한 내러티브의 전달 과정만을 직시한다면 이 영화에서의 연출과 연기가 어떤 절묘한 교집합을 형성하는지를 쉽게 찾을 수 있을 거다. 외계인은 처음부터 이 공간 안에 존재하고 있었다. 이 공간은 어디이고 과연 우리는 누구를 지목할 것인가.

상식의 파괴에 대한 두려움

스파이더맨: 노 웨이 홈

Spider-Man: No Way Home, 2021

사람들은 흔히 오랫동안 알고 있던 상식이 무너지는 걸 두려워한다. 때론 이를 거부하기도, 한편으로 이를 자신과 동기화해 정체성의 파괴처럼 받아들이기도 한다. 사회적으로 상식이 무너진 사회를 다시 일으켜 세우자는 얘기가 나올 때가 있다. 여기서 말하는 '상식'은 알다시피 정상적인 일반인이 가지고 있거나 혹은 가지고 있어야 할 일반적인 지식을 말한다. 쉽게 얘기해, 우리는 너무나 당연하게도 수학적으로 1 더하기 1이 2라는 사실을 알고 있고, 역사적으로 한글을 세종대왕께서 만드셨다는 걸 받아들이고 있다. 이처럼 오랜 세월 동안 알고 있던 상식이 어느 날 한 번에 무너지는 경험을 하게 된다면, 개인이 흔들리고 사회가 파괴되는 것도 무리는 아닐 테다. 그래서, 이러한 소재는 영화 속에서 거시적 시각은 물론 개인의 심리적 변화를 다루는 이야기로 확장되어 사용되곤 한다. 한 인격의 형성과 소멸은 곧 사회적 측면에서 체제의 변화와도 연결될 수 있다는 점 때문이다.

다중우주론(多重宇宙論), 흔히 우리가 '멀티버스(Multiverse)'라 부르는 마블(MARVEL)과 DC의 세계관은 이러한 개념을 확장하기 위해, 개인의 인격과 캐릭터 사이의 조화에 꽤 신경 쓰는 인물 구성을 갖춰왔다. 물리학적 측면에서 '멀티버스'는 우주가 여러 가지 일어나는 일과 조건에 의해 시간과 공간이 나뉠 수 있다는 사실을 전제로 한 개념이다. 그러니까 똑같이 주어진 환경을 기반으로 서로 다른 일이 발생하는 여러 개의 다중우주가 사람들이 알지 못하는 곳에 무한하게 존재한다는 얘기이다. 물론 이러한 가설은 지극히 과학적인 부분에서 해석 가능한 영역일 테지만, 또 다른 측면으로 이는 지극히 인문학적이고 철학적인 영역에서도 다뤄질 수 있다. 이를테면, 동물원 우리 속에 갇힌 동물들의 세계와 우리가 사는 세계가 확실히 구분되어 있다는 사실을 인지하는 것이 한 예다. 동물들과 사람들 사이에는 명확하게 시각적이면서도 비시각적인 '우리(cage)'가 존재하고 있고, 이 '우리'는 분명하게 실재(實在)하면서도 서로의 영역을 확연하게 나눠준다. 여기서 이 '우리'가 파괴되는 순간, 서로의 우주, 여기서는 장소가 될 수도 혹은 서로가 실재하는 심적 영역이 될 수 있는 모든 것 또한 함께 파괴될 것이다.

영화 〈스파이더맨: 노 웨이 홈〉(2021)은 지난 애니메이션 〈스파이더맨: 뉴 유니버스〉(2018)에서 선보였던 '멀티버스'를 기반으로 이야기를 확장한 작품이다. 이전의 샘 레이미 감독이 세 가지 이야기를 통해 풀어냈던 피터 파커(토비 맥과이어 분)의 세계관, 그리고 마크 웹 감독이 또 다른 이야기를 선보인 새로운 스타일의 피터 파커(앤드류 가필드 분)의 세계관을 함께 데려왔다. 여기서 주목할만한 건, 애니메이션 〈스파이더맨: 뉴 유니버스〉가 열어젖힌 캐릭터의 공존만을 넘어 이들 각자가 갖고 있던 영역, 다시 말해 삶과 인격 등을 아우르는 그들의 모든 것들을 모조리 함께 끌고 왔다는 사실이다. 이는 단순히 새로운 빌런을 맞이해 화려한 액션을 통해 그들을 물리치고 시민들을 구해내는 하나의 히어로 장르와는 분명 다른 영역을 시도하고 있다는 거다. 피터(톰 홀랜드 분)가 자신의 실수로 인해 MJ(젠데이아 콜먼 분)와 네드(제이콥 배덜런 분)의 MIT 진학이 어려워진 것을 자책하고 있는 신scene은 이를 두드러지게 강조하는 부분이 아닐 수 없다. 영화가 화려한 액션을 드러내는 데 집중하는 게 아니라, 한 인물의 인격이 과정의 흐름에 따라 무너지고 형성되는 성장을 정확하게 꼬집어내고 있어서다.

영화 속 가장 중요한 문장은 당연히 세 명의 피터 파커가 동시에 외치는 "큰 힘에는 큰 책임이 따른다."라고 할 수 있다. 단지 다중우주가 만들어 낸 다차원 인물이 마주한 하나의 '도플갱어' 현상이 그 초점이 아닌, 이들이 모여 서로의 인격 형성에 어떤 영향을 미치고 어떠한 방향의 삶을 추구하게끔 만드는 과정이 더욱 중요하다는 얘기다. 그렇기 때문에 이들의 목표는 새롭게 등장한 빌런을 물리치는 게 아닌, 그들을 정화해 본래의 세계로 되돌려 보내는 것이다. 영화 속에서 이는 큰엄마 메이(마리사 토메이 분)의 죽음이 하나의 기제로 제시되고 있는데, 어쩌면 이 사건은 피터의 마음을 변화시키는 커다란 작용과 더불어, 다른 측면에서 개인의 영역이 사회적 시각으로 확대되는 하나의 포인트가 되기도 한다. 미스테리오(제이크 질렌할 분)가 죽으며 의도적으로 피터의 정체가 밝혀지는 영화의 시작은 피터에게 그동안 겪지 못했던 새로운 고난을 안겨주고, 이는 지극히 개인적인 사건과 고민을 넘어 커다란 파급 효과를 낳게 되기 때문이다. 어쩌면 닥터 스트레인지(베네딕트 컴버배치 분)를 찾아갔던 그의 행동은 스스로 스파이더맨의 책임과 역할을 자처한 것이기도 하지만, 다중우주의 문을 열어젖히는 그 순간부터 이는 개인의 그것이 아닌 사회적 시각의 그것을 대변하는 것과 동일한 것으로 여겨진다.

한 가지 주목할 점은, 개인의 고민을 풀어내기 위해 사람들의 기억을 리셋하길 원했지만, 이로 인해 커져 버린 사건을 수습하는 과정에서 그는 사람들이 자신을 주목하고 있음을 명확하게 깨닫게 된다는 사실이다. 다시 말해 이는 곧 자신의 삶의 무게를 스스로 인정하는 계기로 화면을 통해 새로운 의미를 부여하게 된다. 메이의 죽음이 그에게 불러온 화와 분노는 다중우주를 통해 함께 실재하는 또 다른 피터 파커의 경험을 통해 정리된다. 이처럼 이 영화는 우리가 이해하는 상식적인 측면에서의 다중우주를 인문학적 또는 철학적으로 해석할 줄 안다. 다중우주의 정의를 앞의 그것과 같이 이해할 수 있다면, 또 다른 우주의 '나'를 인정하는 것과 동시에 여기에 존재하는 '나'의 의미 또한 새롭게 해석할 수 있다는 측면에서다. 다중우주가 쉽게 다뤄지기 어려운 이유는, '지금' 또는 '여기'에 존재하는 우리 모두를 정의하는 눈에 보이는 존재론적 가치관을 결코 가볍게 설명할 수 없다는 것 때문이다. 이는 영화 속에서 다른 우주에서 온 두 명의 피터 파커가 현세계의 또 다른 피터 파커에게 단호하게 말하는 신scene에서 표현된다. 그가 겪은 일은 결코 돌이킬 수 없고 그가 겪은 일은 본인도 겪었으며, 큰 힘에는 당연히 큰 책임이 따른다는 그것 말이다.

분노에 휩싸인 그의 인격은 이처럼 다중우주의 본인

과 결부되어 새롭게 정의되고 새롭게 내재한다. 결국, 이는 단지 자신을 괴롭히는 여러 빌런과의 액션에 그치는 게 아니라, 성장 과정에서의 인격의 수정 또는 형성에 좀 더 집중하는 모양으로 해석하는 게 알맞다는 생각이다. 여태껏 소개된 〈스파이더맨〉 시리즈는 이야기의 배경과 캐릭터의 환경 때문인 듯, 계속해서 한 소년의 성장과 가치관의 형성에 주목하는 경우가 많았다. 이전보다 더욱 친근하고 밝은 캐릭터를 입혀낸 새로운 마블 유니버스 또한 어린 나이를 내세워 여전히 그런 경향을 벗어나지 못한 측면이 있는 게 사실이다. 앞의 〈어벤져스〉 시리즈를 통해 '히어로'로서의 책임과 역할을 강조하기도 했지만, 무엇보다 실질적으로 그의 내재된 측면을 들여다볼 기회는 없었다고 봐도 무방할 것이다. 이번 영화 〈스파이더맨: 노 웨이 홈〉은 단순히 화려한 액션을 통해 볼거리를 제공하는 데 그치지 않고, '다중우주론'을 배경에 깔아 세 명의 스파이더맨을 한데 모으고 이를 기반으로 이전보다 더욱 재미난 광경과 피터의 심리적 변화, 그리고 새로운 인격 형성에 도전한 것에 나름의 의미를 부여할 수 있겠다. 물론, 깊이를 더하지 못한 각각의 신scene과 캐릭터 역할의 부재가 다소 아쉬움으로 남지만, 그런데도 이 여파는 한동안 누군가의 마음속에 계속해서 영향을 미치고 있지 않을까.

달콤하고 쌉싸름한 레몬 맛 사탕

레전드 Legend, 2015

타인의 문제점을 자주 지적하는 이를 볼 때가 있다. 어쩌면 나조차 그렇게 행동하고 있을지도 모르지만 말이다. 여하튼 그럴 때마다 내가 꺼내는 얘기가 하나 있다. 남을 지적하고 비난하는 사람치고 거울을 보는 이가 드물다는 것 말이다. 이를 쉽게 이해하는 이도 드물다. 그저 이 친구가 지금 무슨 얘기를 하는 건지 고개를 갸우뚱하고 있을지도 모른다. 쉽게 말하자면, 여기서 말하는 '거울'은 다름 아닌 자기 자신을 비추는 물건이다. 남을 비난할 때 내 모습은 어떤지 나는 그렇게 행동한 적이 없는지 자신에게 한 번쯤 되뇌어보라는 얘기이다. 누구에게나 장단점이 있기 마련이다. 우리가 그 사람의 장점을 바라볼지 단점을 지적할지는 내 모습을 어떻게 꾸미느냐에 따라 달라진다. 그러니 여기서 '거울'을 바라보는 행위는 삶을 이해하는 데 꽤 중요한 작용을 한다. 그리고 '거울' 그 자체는 삶의 행위에 원동력이 되는 매우 독특한 기제로 영화 속에서 제시된다. 그렇다. 어쩌면 '나'를 돌아볼 수 있는 기회를 제공하는 그런 영화가 한 편 있어서다.

이 영화는 이야기 내내 '거울' 그 자체가 등장하지도 언급되지도 않지만, 자신을 돌아보고 나를 영위하는 모든 행동에 무게를 얹게끔 만드는 작품이다. 브라이언 헬겔랜드 감독의 영화 〈레전드〉(2015)는 '레전드'라 불리는 타이틀 자체가 전하는 메시지를 전달하는 것만으로 끝나지 않는다. 단지 주인공이 전설적인 존재로 남았다는 거창한 얘기를 꺼내고 있는 게 아닌, 오히려 그가 어떤 인물로 형성됐는지 그가 꾸었던 꿈은 무엇이었는지, 또 사람들에게 어떤 존재로 남았는지에 대한 수식을 꺼내고 있다고 봐도 좋겠다. 그러니 이런 시각에서 이 작품을 해석하면 어쩌면 영화는 레지 크레이(톰 하디 분)와 로니 크레이(톰 하디 분), 두 쌍둥이 형제의 정반대의 성격과 이로 인한 사건을 늘어놓는 단순한 이야기만으로는 바라볼 수 없을 것이다. 사실, 이 영화는 논리적이고 이성적인 성격을 드러내는 쌍둥이 형 레지의 삶과 인생을 조명해 이를 동생 로니와 그의 아내 프랜시스(에밀리 브라우닝 분)에 빗대어 묘사하고 있기 때문이다.

달리 말하면, 연인이자 아내였던 프랜시스는 이를 위한 아주 깔끔한 수식어가 될 수 있다. 여기서 말하는 '수식어'는 그의 삶에 꼭 필요한, 그러니까 상호작용을 연달아 발생시키는 '필요충분조건'의 관계는 분명 아니다. 그녀는 그저 레지의 삶을 어떤 스타일로 수식할 수 있을지 이를 위한 '필요조건'에 해당하는 것일 테다. 그들이 함께 나눴던 레몬 맛 사탕, 마치 달거나 시면서도 살살 달래며 빨아먹고 싶은, 그런데도 절대 한 번에 깨물어 부숴버리고 싶지 않은 그런 존재 말이다. 이는 프랜시스를 통해서도, 한편으로 동생 로니를 꾸며주는 암시도 함께 담아내는 지점에 해당한다고 볼 수 있다. 그의 동생 로니는 사사건건 형의 사업 방향을 방해한다. 정반대의 성격을 지넜기에 타고난 주먹과 사업 수완으로 그의 세력을 확장해 가는 형 레지에 비해, 동성애자이자 정신적인 병력으로 조직을 대책 없이 몰고 가는 멋대로인 성격을 드러내는 캐릭터로 표현되는 이유다.

형 레지뿐만 아니라 모든 이들이 이런 로니로 인해 큰 피해를 보고 결국 레지가 마피아와 손잡고 사업을 확장하려 했던 모든 계획도 그로 인해 물거품으로 돌아가고 만다. 여기서 두 사람의 대조되는 성격은 단순한 캐릭터 비교와는 다른 표현으로 나타난다. 앞에서 언급했듯 이 영화의 주인공은 두 사람이 아닌 레지 자신으로 강조된다는 점 때문이다. 결국, 로니 또한 프랜시스와 마찬가지로 거울에 비친 레지의 숨은 캐릭터를 대변하는 역할로 표현된다. 그 또한 이성적으로 모든 걸 이끌어 가고자 노력하지만, 모든 게 말처럼 쉽지만은 않다. 조직에 균열이 생기고 마피아와의 협업은 런던의 촌구석에서 시작한 그의 뿌리만큼이나 생각대로 움직여지지 않는다. 그 와중에 프랜시스와 사랑을 시작한 그는, 정상적인 삶을 꿈꾸지만 이마저도 그가 꿈꿨던 삶과 다른 상황이 아닐 수 없다.

결국, 로니는 그의 내면의 뿌리를 강하게 드러내는 하나의 '거울'로 존재하는 활동적인 형상을 드러내고 있다고 해도 무방할 것이다. 이 때문에 영화 속에서 로니와 프랜시스의 관계는 매우 복잡하지만, 또 하나의 복선을 폭발시키는 기제로 작용한다. 두 사람은 처음부터 하나도 맞는 게 없었다. 로니의 막무가내 기질은 프랜시스가 원했던 레지의 사업 방향과 차이가 있었고, 여기에 로니는 애초부터 게이라는 동성애자 설정을 달고 등장했다. 이처럼 두 사람은 레지를 사이에 두고 각각의 '거울'을 주장하는 용도로 화면에서 나타나고 표현된다. 어쩌면 귓가를 속삭이는 천사와 악마의 회유와도 같은 것처럼 말이다. 이 영화는 이와 같은 시각에서 접근하면 이처럼 눈에 쉽게 드러나지 않는 보다 색다른 재미를 던져주기도 한다. 단순히 '톰 하디'라는 명배우가 두 명의 주인공 역할을 맡아 연기의 재미를 안겨주는 걸 떠나, 로니와 프랜시스, 두 사람 사이에 놓인 어떤 갈등을 풀어내는 '레지'라는 한 인간의 삶과 시선을 각기 다른 입장에서 읽어내고 수용할 수 있기 때문이다.

이런 접근과 해석은, 한 명은 우애 깊은 쌍둥이 동생으로, 또 다른 한 명은 세상에서 가장 사랑하는 아내라는 의미와 무게를 얹어 놓았기에 가능한 스토리일 것이다. 하지만 영화가 말하는 메시지는 단지 그가 버텨내는 고된 삶과 그 속에서 느껴지는 무게 등 한 인간의 삶을 채색하는 것만은 분명 아니다. 감독이 영화를 통해서 하고자 하는 말은 주어진 상황에서 선택해야 하는 단계, 또 이 과정에서 느낄 수 있는 옳고 그름의 기준이 그 해답을 요구하고 있는 것으로 이해된다. 형 레지는 모든 과정에서 스스로 결정하고 선택해왔지만, 매번 그 선택이 과연 옳은 것인지 아닌지에 대한 물음표를 항상 드러내고 있었다. 그는 프랜시스를 만난 이후로 언제나 자신의 선택에 대해 옳고 그름의 계속된 갈등에 빠져 지내는 모습이다. 그리고 조직의 많은 이들이 동생 로니의 행동에 대해 반대 의사를 펼치지만, 그는 오히려 어머니로부터 동생의 안위를 보장해달라는 부탁을 받기도 한다. 물론 프랜시스 또한 그녀 부모의 격렬한 반대를 무릅쓰고 사랑을 쟁취하기 위해 애쓰는 모습이다.

결국, 로니는 그의 내면의 뿌리를 강하게 드러내는 하나의 '거울'로 존재하는 활동적인 형상을 드러내고 있다고 해도 무방할 것이다. 이 때문에 영화 속에서 로니와 프랜시스의 관계는 매우 복잡하지만, 또 하나의 복선을 폭발시키는 기제로 작용한다.

이러한 갈등 구조에 놓인, 앞에서 언급한 레몬 맛 사탕은 이러한 그의 속내, 그리고 영화의 전반적인 메시지를 가장 강하고 디테일하게 표현하는 매개체가 아닐 수 없다. 살살 돌려 그 맛을 느끼면서도 어느새 녹아버리고 마는 그 달콤하고 쌉싸름한 맛. 시면서도 달고 그 달콤함으로 깨물어 버릴 수 없는 묘한 삶의 맛이 결국 그의 인생을 가장 완벽하게 수식하는 매개체로 표현되고 있는 게 아닌가 생각될 정도다. 브라이언 헬겔랜드 감독은 영화 속 인물의 역할을 구성하면서 삶이 지닌 하나의 가치를 어떤 방식으로 표현하고 해석할 것인지, 이에 대해 꽤 진지한 고민을 풀어낸 흔적이 영화 속에서 엿보인다. 이 고민은 한편으로 정답이 없는, 그야말로 자기 마음대로 채색한 그림과도 같고, 또 다른 시선에선 올바른 답은 아닐지라도 이런 방향으로 풀어갈 수 있다는 새로운 해답을 제시하고 있다는 생각이다. 영화가 얘기하고 있듯 인생에 정답은 없다. 그저 누구나 지혜롭게 직면한 순간의 슬기로운 해법을 드러내면서, 그렇게 삶의 얼개를 자신의 방식으로 풀어나갈 뿐이다. 돌아보면 그게 정답이었고, 그게 우리가 삶을 대하는 해법이 되고 있지 않을까.

이름이 내게 주는 의미

센과 치히로의 행방불명

The Spiriting Away Of Sen And Chihiro, 2001

두 개의 이름을 향한 낯선 눈초리는 비교적 따갑다. 그 이유도 모른 채 그녀는 낯선 곳을 헤매고 무작정 방황한다. 그녀가 해내야 할 최우선적인 과제는 돼지로 변해버린 엄마와 아빠를 되찾는 게 아니라, 이렇게 된 이유와 자신의 길을 되찾아가는 과정이다. 즉 이 이야기는 그저 단순히 엄마와 아빠를 다시 만나기 위해 신(神)들의 영역에서 고군분투하는 주인공을 그려낸 게 아니라, 한 인간으로서의 성장기를 보여주고 있다고 판단하는 게 맞다. 갑자기 눈앞에 나타난 수많은 캐릭터는 그녀를 잠시 배회하게끔 만들지만, 이 또한 삶의 일부분에서 꼭 필요한 형상이 하나의 틀로 표현된 것들일 뿐이다. 다시 말해, 소소하게 지나치는 우연의 그것이라 할지라도 꼭 거쳐야만 했던 삶의 조각에 해당한다는 거다. 모두가 자신을 위한 삶을 살아갈 때도 그녀는 자기 것을 부족함 없이 나누는 모습을 보인다. 그 베풂의 정신이 자신을 하염없이 그 세계에 빠져들게 한다. 우리가 생각했던 신(神)은 인간의 부족한 부분을 메워주는 존재였지만, 여기서는 아니다. 오히려 그들은 인간과 별개의 존재로서 제각기 다른 위치와 높이를 가진다. 그렇게 구분된 삶은 신에게도 인간에게도 특별한 선택권을 주지 않는 모습으로 표현될 뿐이다.

애니메이션 〈센과 치히로의 행방불명〉(2001) 속 치히로(히이라기 루미 분)는 '센'으로 바뀐 이름에 그렇게 적응해간다. 자신의 삶을 이끄는 방향도 앞에서 언급한 '나눔'으로부터다. 석탄 요정에게 먹을 걸 나눠주는 모습도 그렇고, 하쿠(이리노 미유 분)의 삶을 비집고 들어갈 때도 마찬가지였다. 신들은 스스로의 것 이외의 그 무엇도 관심을 잘 두지 않는다. 유바바(나츠키 마리 분)는 자신의 아기 보(카미키 류노스케 분)에 모든 걸 집중한다. 결국 아기와의 유대관계를 쌓기 위한 과정으로, 그녀는 자신의 삶을 개척하는 선택을 한다. 〈센과 치히로의 행방불명〉은 타인을 위해 자신을 낮추는 한 소녀의 모험담을 담고 있지만, 그 이면에는 자신의 온전한 삶을 찾아가는 과정을 자주 비춘다. 그녀가 손을 내미는 '버림'의 행위는 곳곳에서 각각의 의미로 나타나는데, 온천탕의 청소를 한다거나 위에서 아래로 계단을 통해 내려간다거나, 또는 아기와의 소통을 이뤄나가는 등의 사소한 행위조차, 그녀의 내적 이미지를 완성하는 과정의 일환으로 표현되고 있다.

영상의 처음으로 돌아가 보면, 사건은 치히로의 가족이 이사를 가는 도중에서 시작됐다. 정확히 말하면 자신의 목적지로 달려가는 도중에 잠시 샛길을 들러 우연히 열린 금단의 신(神)의 세계로 들어서게 된 거다. 자신이 가야 할 곳과 가지 말아야 할 곳을 구분하는 그 어두운 터널로 묘사되는 하나의 경계는, 어린 치히로가 성장의 단계를 밟는 과정에서의 커다란 발돋움이 된다. 어른이 되면 세상을 바라보는 눈이 절로 뜨인다. 엄마와 아빠는 세상에 대한 그것을 몸소 실천하며 그녀에게 직접 이를 안

내했고, 결국 그녀는 엄마와 아빠를 구한다기보다 자신을 성장시키기 위한 하나의 관례로서 신의 세계에 발을 들인다. 반드시 구해주겠다는 하쿠의 약속은 두려움과 방황에 흔들리는 그녀를 안심시켜주는 힘이 되는데, 그것마저도 자신의 내적 의지가 구체적인 형상을 하게 된 것과 같다.

하쿠는 유바바 아래에서 일하며 마치 노예처럼 그녀의 지시를 받아들이고 그때마다 늑대와 용의 형태를 섞은 모습으로 스스로를 변화시킨다. 목적에 의한 변신이 아닌 용기를 위해 오히려 본연의 모습을 감춘 의미로 해석된다. 그래서 이전의 기억도 까맣게 잊어버리고, 말이다. 겉으로 비치는 사람들의 고정적인 시선에서 벗어나 자신을 강하게 다듬는 과정을 나타내는 표현이 좀 더 어울린다. 가오나시는 치히로가 아닌 일반적인 어른들을 대표하는 유형의 묘사이다. 그는 신들이 몸을 씻고 피로를 풀고 가는 온천탕에 찾아와 자기만의 방식으로 그곳을 한바탕 뒤집는다. 물욕에 눈이 먼 이들을 유혹하기 위해 금붙이를 끄집어 제시하거나, 눈에 보이는 이들을 한 번에 잡아먹어 자신의 몸집을 불리는 등 외형적인 가치에 치중하는 모습이다.

결국 감독 미야자키 하야오는 치히로의 그림자로 치부되는 인간의 원초적인 욕심에 무게를 두고 이를 벗겨내는 과정으로서의 '가오나시'와 더불어, '온천탕'이라는 공간을 입체적으로 함께 제시했다고 볼 수 있다. 유바바가 키우는 아기도 그 만의 성격을 대표한다. 여리고 착한 아기이지만 엄청난 덩치와 힘을 자랑하는 건 인간이 애초에 가지고 있던 태생적이고 기본적인 인간성과 부합한다. 어떻게 가꾸고 얼마나 노력하느냐에 따라 자신의 성장을 끌어낼 수 있음을 간접적으로 표현했다. 유바바와 쌍둥이 언니인 제니바를 구성에 배치한 것도 이 둘의 경계를 확고히 구분하지 않고 보다 희석될 수 있는 여지를 남겨두는 부분으로 작용한다. 그들은 닮은 듯 닮지 않았지만 보이는 것 그대로 애초부터 같은 성격의 그것을 간직하고 표현하고 있어서다.

치히로는 이처럼 각각의 의미를 가진 여러 캐릭터와 조우하며 '신(神)'의 영역에서 '센'으로 지내며 인간의 나

결국 감독 미야자키 하야오는 치히로의 그림자로 치부되는
인간의 원초적인 욕심에 무게를 두고 이를 벗겨내는 과정으로서의
'가오나시'와 더불어, '온천탕'이라는 공간을 입체적으로
함께 제시했다고 볼 수 있다.
유바바가 키우는 아기도 그 만의 성격을 대표한다.

약함을 깨닫고 그 가능성을 이해하게 된다. 또한 무엇이 진실이고 삶을 어떻게 구성하고 살아가야 하는지를 하나하나 배우는 것도 마찬가지다. 지브리 스튜디오는 〈미래소년 코난〉(1978), 〈천공의 성 라퓨타〉(1986) 등 오랫동안 여러 작품을 통해 인간성의 말살에 대한 직접적인 비판을 강하게 드러낸 바 있다. 하지만 적어도 이 작품을 통해서는 강한 직선의 비판보다도 세심한 감정을 드러내는 굵은 선을 연출하고 있는 것으로 보인다. 때로는 강한 목소리보다 선 굵은 힘의 섬세함이 좀 더 유효할 수 있다는 생각이다. 일본이 대표하는 우수한 작품이라 불러도 가히 손색없는 스토리의 애니메이션 〈센과 치히로의 행방불명〉은 '센'과 '치히로'가 가진 색깔의 경계에서 스스로를 잃어버린 한 소녀의 깨달음을 우회적인 표현과 묘사로 세밀하게 제시했다. 감독의 연출이 던지는 메시지는 구체적이고 세심한 터치로 가득해 가히 독보적인 작품이라 칭해도 많은 이들의 이견이 없을 것만 같다.

인류가 제시해야 할 미래

나의 마더 I Am Mother, 2018

우리가 흔히 떠올리는 머지않은 미래, 즉 디지털 사회나 미래 사회의 실현을 거론하자면, 매체가 주목하는 부분은 항상 손가락에 꼽는 정도다. 인류 말살과 윤리적인 접근이 바로 그 부분으로, 인류가 에너지에 주목해 지구 살리기 운동을 확산시켜 나간다거나 인공지능(AI)의 개발 단계에서 인류와의 공존 문제에 꾸준히 주목하는 것도 그러한 과정의 일환일 것이다. 우리가 영화를 통해 이러한 메시지를 인상 깊게 받아들일 수 있다면, 그것 또한 좋은 계기가 될 수도 있겠다. 어릴 적 영화 〈터미네이터〉(1984)가 가져왔던 인류의 종말도, 또 영화 〈혹성탈출〉(1969)의 마지막 '자유의 여신상' 장면에서 느꼈던 전율과 절망적인 미래도 개인적으로 경각심을 불러일으키기에 충분했다. 하지만 이러한 메시지의 강조 외에도 또 다른 측면에서의 강조도 눈여겨볼 필요가 있다. 이를테면 공존을 위한 인류의 숙제와 종말을 초래하는 행위에 대한 경고는 넘쳐나지만, 인류의 재생 문제에 대한 제안을 다루는 데는 비교적 소홀했다는 사실 말이다. 일찍이 정부가 '탄소중립'을 정책의 키워드로 제시하고 신재생에너지 사업에 대한 전 세계의 노력이 일정한 궤도에 이르고 있는 이때, 이와 같은 메시지에 주목해보는 것도 영화가 가져다줄 선행 작업의 무게가 아닐까 싶다.

영화 〈나의 마더〉(2018)는 미래 사회를 조명하는 작품치고는, 스토리와 구성 측면에서 다소 익숙한 부분과 정반대의 이야기를 전개한다. 소수의 등장인물, 굳이 언급하자면 단 두 명의 배우만을 통해 쉽게 예측하기 어려운 스토리를 이끌어가는가 하면, 주목해야 할 스토리 리더(Story Leader)로 '인간'이 아닌 '로봇'을 배치해 관객에게 인물 구도에 신경을 쓸 수고를 비교적 덜어주고 있는 점

등이다. 영화는 안드로이드형 로봇 하나가 한 저장고에서 인간 배아를 끄집어내어 아기를 태어나게 만드는 장면으로 시작한다. 이내 화면은 로봇이 육아를 전담하는 과정을 덤덤한 시선으로 풀어낸다. 영상을 읽어가기에 앞서 큰 무리 없이 주인공의 성장 배경과 과정을 담아내고 있어, 오히려 머릿속에서 물음표로 이어지는 시대적 배경에 관한 질문은 내러티브와 자연스럽게 연결되는 흥미점으로 남게 된다.

바깥세상의 전개가 어떻게 되는지, 그 배경을 밝히지 않고 한정된 공간에서만 인물 구도를 만드는 점은 영화 〈클로버필드 10번지〉(2016)와 매우 닮았다. 여기에 마더(로즈 번 분)와 딸(클라라 루고르 분), 둘의 관계에 낯선 바깥 여자(힐러리 스웽크 분)가 갑자기 끼어드는 것도 유사한 부분이다. 한 사람은 공간을 지키는 입장이고, 또 한 사람은 그 환경에서 안전을 보장받는 구성이다. 여기에 낯선 이가 갑자기 그들의 공간에 발을 들이면서 그 구도가 자연스럽게 깨져버리고, 공간을 지키는 이의 진실성과 신뢰성에 금이 가면서 안정된 환경의 균형 또한 함께 무너지는 것도 같은 맥락이 될 수 있다. 공간적인 측면에서 이 작품이 영화 〈클로버필드 10번지〉와 유사하다면, 스토리를 전개하는 방향성은 영화 〈런〉(2020)과 매우 흡사하다. 엄마의 보호 속에 성장을 이어가지만, 어느 순간부터 둘의 관계가 흔들리는 모습을 비추는데, 영화 〈런〉에서 그동안 못 보던 약이 발견되는 순간이 그 지점으로 표현됐다면, 이 영화 〈나의 마더〉에서는 정전으로 인해 발견된 쥐 한 마리가 그 역할을 한다. 〈런〉에서 엄마의 거짓이 딸의 의심을 야기하는 핵심적인 장면을 나타냈다면, 〈나의 마더〉에서 마더가 쥐를 소각하는 장면은 지금까지 안정된 공간에서 그녀를 통해 교육받은 딸의 안정성을 완벽하게 뒤엎는 기제로 작용하기 때문이다.

스토리와 구성, 그리고 전개 측면에서 이 작품은 비교적 사회 구조를 비판하는 여러 작품과 구조적인 개성을 답습한다. 영화의 전제가 되는 사회 구조의 측면은 영화 〈왓치맨〉(2009) 또는 애니메이션 〈아키라〉(1988)와 무척 닮기도 한다. 〈왓치맨〉의 잭 스나이더 감독은 인류 멸망 이전의 사회를 분석해 체제를 유지하려는 세력의 시각과 흔들리는 민심을 적나라하게 표현하고자 했다. 이를 위해 '사회정화론', 즉 그 원인을 인류 스스로에게 돌리는 시선을 사전에 깔아놓고 있다고 봐도 무방하다. 이는 오토모 가츠히로 감독의 애니메이션 〈아키라〉도 마찬가지여서, 위기에 빠진 민심을 정리하기 위한 지도층의 시선을 냉철하게 드러내고 있지만, 결국 마무리는 여전히 디스토피아적 세계관의 전개라고 볼 수 있다. 그런데도 〈왓치맨〉이 마지막 신scene을 통해 오지맨디아스(매튜 구드 분)를 조명하며 그 행위의 '정당성'에 의문을 던지고, 〈아키라〉 또한 다음 세대인 청소년들의 목소리에 귀 기울이는 마무리를 보여준 점은, 이 영화 〈나의 마더〉가 표현하는 기치로 이어지는 모습이다.

그랜트 스푸토레 감독은 이 작품을 통해 주인공의 현실 인식과 남동생에 대한 의지를 표현하며, 삶의 변화를 위한 새로운 제안을 시도한다. 이 영화에서 눈여겨봐야 할 점은 지금껏 표현된 익숙한 '사회정화론'이 아니라 '인류재생론'의 관점이다. 다시 말해, 여타의 영화들이 많이 주장해온 자기반성, 영화 〈혹성탈출〉이 주장한 사회적 경고를 넘어 인류가 가져야 할 재생 의지, 그 자체에 주목하고 있다는 거다. '마더'는 인류를 바라보는 시선을 부정적으로 평가하고 해석한 인물이지만, 반대로 지구가 아닌 인류를 위해 자신의 역할을 스스로 지정한 인물이기도 하다. '리셋'의 의미가 강한 역할이지만 환경을 넘어 인류의 재생을 통한 '희망'을 끌어내고 있다는 점에서 이를 해석하면 말이다. 그녀는 딸에 대한 철저한 교육과 심리적 판단력을 형성하고자 노력을 기울이는데, 여기서 그녀의 교육은 관객의 판단력을 시험하는 좋은 본보기가 되기도 한다.

다수를 위한 소수 희생이냐, 소수의 생명 존중을 위해 다수를 포기하느냐의 문제는 한편으로 답이 정해져 있는 문제일지라도, 우리의 교육이 그저 방향을 제시한 것일 뿐 단 한 명의 생명이라도 존중해야 한다는 차원의 경계를 드러낸다. 영화 속에서 마더는 딸에게 남동생의 존재를 안겨주고 자신의 역할을 스스로 포기해버린다. 자신이 만들고 교육한 딸의 존재가 어느 정도 성숙한 단계에 이르렀다는 판단일 수도 있고, 다른 한편으로 자신의 실험이 다음 단계로 넘어가는 부분을 암시하는 일종의 유형의 기표가 될 수도 있다. 모든 설계가 그녀의 범위 안에서 움직여 왔음은 중간쯤에 등장한 낯선 여인의 배경이 밝혀지는 마지막 장면에서 더욱 구체화된다. 결국 마더는 그녀를 둘러싼 자신이 가진 임무의 필요성, 그리고 이제 실험을 중단할 필요가 있음을 대사를 통해 꺼내는데, 화면 속 모든 배경이 이러한 점들을 전체적으로 아우르고 있음을 고려한다면, 종국에 이르러 자신을 향해 방아쇠를 당기게 만드는 것 또한 인류 재생을 위한 그녀의 숨은 다음 단계에 지나지 않을 것만 같다.

결과적으로 영화는 각각의 화면이 표현하는 부분적인 메시지를 인간의 능동적 지향을 완전히 담아내는 데 성공하진 못했다. 하지만 그런데도, 딸이 자신의 행동에 주저하지 않고 의지를 드러내는 모습을 통해 감독 스스로 이 영화에 정말 실낱같은 희망을 욱여넣었다고 생각된다. 영화는 처음부터 인류의 모성애를 통해 마지막 남은 희망에 포커스를 두고 있는 듯하지만, 오히려 어설픈 스토리 전개 구성, 그리고 마더와 낯선 여인이 제각기 주장하는 상반된 진실의 엇갈림 등을 통해 관객의 판단력을 흩뜨려 놓고 말았다. 물론 적은 수의 출연진과 한정된 공간 내에서 부족함 없이 이야기를 펼치는 데는 성공했다고 생각된다. 여기에 거시적인 메시지 또한 내재하고 있어, 인류의 미래를 생각하는 시선과 이에 대한 함의의 필요성까지 끌고 오는 것처럼 보인다. 영화 〈왓치맨〉과 〈아키라〉가 사회 체제에 대한 강한 목소리를 주장하는 민심을 간접적으로 담아냈다면, 이 영화 〈나의 마더〉는 이러한 메시지를 특정 '인물'을 통해 그 의지와 방향성을 대변해내고자 노력한 작품이라는 생각이다. 단순히 오늘을 살아가는 데 급급한 그들의 시선을 잠시나마 돌려놓을 수 있다면, 영화가 만들어내는 강하고 무거운 시선이 그 방향을 올바로 잡아놓았다고 볼 수 있지 않을까.

밤은 짧아, 최선을 다해

죽지 않는 인간들의 밤

Night of the Undead, 2019

외계인은 참 재밌는 존재다. 눈에 보이지도 않고 그 존재가 확실히 밝혀지지 않았음에도 그저 입에서 입으로 귀에서 귀로 전해지는 것만으로 사람들의 가슴을 들끓게 하니 말이다. 그들의 존재가 제대로 밝혀지는 그날이 온다면, 우리는 과연 무엇을 어떻게 할 수 있을까. 우리의 일상이 어떻게 달라지고 우리의 삶이 어떤 방향으로 나아가야 할 것인가. 과연 그들은 우호적인 감정으로 우리를 대할 것인지, 아니면 적대하며 서로에게 악의 존재로 자리하게 될 것인지. 언제나 영화와 책, 각종 매체를 통해 이들의 존재를 궁금해하면서 이런 생각에 빠져들곤 했다. 자주 접하는 책은 물론, 이들을 소재로 삼는 영화 또한 이와 같은 내용으로 오랫동안 많은 썰을 풀어놓곤 했는데, 그들을 대하는 접근 방식은 저마다 달랐던 것 같다. 쉽게 말해 친구냐 적이냐를 두고 뜨거운 공방을 벌이는가 하면, 어떤 면에서는 그들을 신격화해 학습 대상으로 갈구하는 경향도 있지 않았나 싶다. 물론 어떤 선택과 표현이든 간에, 옳고 그름을 따지는 건 적어도 영화 속에서는 아무런 의미가 없다.

리들리 스콧 감독의 영화 〈프로메테우스〉(2012)는 강렬한 이미지를 남긴 크리처 '에이리언'의 탄생 기원을 다루기 전에, 인류의 시작에 대한 조명 그 자체를 뜨거운 관심사로 풀어냈던 작품이다. 사실 이 영화를 이야기할 때면, 항상 타카야 요시키 작가의 만화 〈강식장갑 가이버〉를 언급하게 된다. 외계로부터 온 강림자들이 전투에 가장 적합한 생물을 개발하기 위해 지구로 와 여러 생체실험을 거듭했고, 미생물에서부터 공룡 등을 거쳐 마지막에 인류를 만들었다는 배경 말이다. 이는 인류가 전투에 가장 적합한 존재로 인식된다는 점에서 인류의 근원을 명확하게 제시하는 작품이기도 하다. 애초에 영화 〈에이리언〉(2019)은 H.R.기거의 '네크로노미콘' 화보에서 시작됐다는 점에서, 이를 배경으로 삼는 하워드 필립스 러브크래프트의 '크툴루 신화'와 그 결을 같이 한다. 크툴루 신화 또한 지구 역사가 인류보다 훨씬 강력하고 고도의 문명을 지닌 존재가 다른 별들로부터 지구로 날아와 이 세상을 지배했었다는 설정이기에, 앞에서 언급한 〈강식장갑 가이버〉와 유사한 스토리라고 할 수도 있겠다.

하지만 사실 이 둘을 놓고 보면, 모든 건 매체의 차이일 뿐 그저 '재미'를 좇기 위해 만든 상상의 나래에 불과하다. 우리가 아직 접하지 못한 상상 속 재미를 위해, 영화는 '에이리언'이라는 가상의 적을 만들어 인류의 생존을 위한 사투의 시공간을 탄생시켰으며, 만화 또한 강림자의 생체 전투 병기라는 요소를 제시해 인류가 자신들의 근원을 찾아 떠나는 이야기를 이어 나가기도 한다. 그렇다면, 복잡하고도 길게 얘기할 것도 없이 인류는 도대체 왜 이렇게 외계에 대한 꿈을 계속해서 꾸고 있는 것일까. 우리가 지향하고 있는 외계, 즉 우주는 현재의 인류에게 어떤 의미로 다가오고 있는 것일까. 영화 〈죽지 않는 인간들의 밤〉(2020)은 여기에 대해 아주 사소한 대답을 던지는 작품이다. 단순하고 간결한 시선에서 눈에 쉽게 들어오는 건, 이 작품에 나오는 모든 상황 속에서 실제로 죽는 인간은 한 명도 없다는 점이다. 영화 속 '언브레이커블'로 명명되는 만길(김성오 분)은 물론이고, 소희(이정현 분)와 심지어 닥터장(양동근 분) 또한 극심한 죽음의 고통을 뛰어넘고 생존하는 데 성공한다. 그들은 언브레이커블과 평범한 인간의 대립 속에서 서로에게 칼날을 겨눈 채 죽음의 눈앞을 수차례 들락거리지만, 그 뜨거운 밤 속에서 결코 긴장의 순간을 무겁게 넘기지는 못한다. 이 속에는 결국 부부와 연인으로 대표되는 남녀 관계의 이상향이 숨어있다. 사람들이 일상을 거치며 수차례 맞닥뜨리는 긴장과 증오의 연속에 있어서 서로는 수십 번, 아니 수백 번 죽었다 깨어나기를 반복하며 자신의 존재에 대한 인정의 길로 나아가게 된다는 거다.

뜨겁게 사랑하는 사이도 알고 보면 마음속으로 한눈을 팔게 되기도 하고, 동창회에서는 과장과 적절한 제스

처가 섞여 자연스럽게 엄친아의 주인공이 소환되기도 한다. 또한 나도 모르는 사이에 알 수 없는 스캔들에 휘말려 억울한 오해와 누명을 뒤집어쓰는 경우도 있다. 그들은 서로의 존재가 충분히 필요하면서도, 한편으로 순간순간 밀려드는 바깥의 차가운 공기와 시선에 눈과 귀를 쫑긋거리기 일쑤다. 결국 사소한 오해와 특별한 이상과의 괴리를 마주하면서 서로에게 칼날을 들이대기도 하지만, 어차피 순간만 죽었다가 다시 깨어나면 되는 게 삶의 일상임을 깨닫게 되면서 서로의 존재를 비로소 인정하게 된다. 영화는 단순한 스토리를 갖추고 있지만, 이와 같은 주제에 대한 강한 목소리를 높이고 이와 더불어 다양한 개성을 뽐내는 배우들을 대거 기용해 이의 수식을 더 할 줄 안다. 알고 보면 이만큼 간결하고도 깔끔한 메시지를 담아내는 영화도 드물 거다.

여기서 앞에서 언급한 '외계인의 존재 여부'와 이야기 관련성이 궁금해질 것 같다. 우리가 받아들이는 외계인은 결국 한 번도 보지도 접하지도 못한 꿈과 이상향과의 연결고리다. 다시 말해, 그들의 존재는 받아들이는 시각에 따라 에이리언과 같은 인류를 위협하는 적이 되기도 했다가, 이티(E.T)처럼 인류에게 손을 내밀어주는 친구와 같은 존재가 되기도 한다. 우리가 그들을 어떻게 바라보고 인식하느냐에 따라 그들 내면의 표출이 긍정과 부정을 오간다는 점을 생각할 때, 결국 우리가 대하는 사람들을 바라보는 시선 또한 이와 같다. 남녀 관계는 물론이다. '화성인 남자와 금성인 여자'라는 말처럼, 서로를 바라보는 시선과 입장이 남다르게 다가올 수 있기에, 그들 자신의 입장에서는 서로가 외계인이 될 수도 어쩌면 쉽게 이해하기 어려운 종족으로 여겨지는 건 당연한 일이다.

'크툴루 신화'는 물론, '강식장갑 가이버'에 이르기까지, 그들이 주장하는 인류의 근원은 애초부터 외계인으로 불리는 강림자의 존재, 즉 인류를 완벽에 가깝게 끌어내면서 끝까지 포기하지 않았던 또 다른 존재에 대한 인정과 지향점이 있었다. 결국, 인류는 그들의 손길을 통해 부족한 점을 채워나갔고 완벽하진 않더라도 서로 노력하며 보완할 수 있는 존재로 성장할 수 있었다. 화성인과 금성인은 애초부터 종(種)이 다른 존재였지만, 함께 하면서 서로를 인정하는 위치까지 다다랐다. 이 작품 〈죽지 않는 인간들의 밤〉은 독특하고 신선한 재미를 가진 스토리를 배경으로, 하룻밤을 뜨겁게 보내는 젊은 남녀들의 우여곡절 이야기를 담고 있지만, 그 속에서 우리가 느끼고 배울 수 있는 점은 가장 평범하고도 이상적인 이야기가 아닐 수 없다. 재미와 더불어 내 곁에 가장 가까이 존재하는 '언브레이커블'의 존재를 다시 한번 인정하는 기회가 될 수 있다는 점에서, 어쩌면 매우 의미 있는 시간으로 다가오지 않을까.

기억하는
모든 것을
되살리다

아카이브 Archive, 2020

사람들은 과거를 찾는 데 있어, 항상 '시간'을 우선적으로 떠올린다. 과거와 현재, 미래를 나눌 때 언제나 시간적 개념이 기준이 된다는 점에서 이러한 순서는 어찌 보면 당연할 테다. 하지만 시간을 되돌리는 '행위'에 있어, 반드시 '공간'이 필수적으로 포함되는 걸 고려한다면 이는 오히려 시간적 개념보다 좀 더 우위에 있다는 생각이다. 추억은 개념적인 항목으로 치부되는 것이 아니라 자연스럽게 이끌어 오는 상태임을 감안하면, 공간적 개념을 우선에 두고 그 안에서 발생하는 행위를 머릿속에 끄집어내는 게 훨씬 더 자연스럽다. 그만큼 '공간'이라는 개념이 우리에게 미치는 영향은 생각보다 묵직하고 강하다.

이 '공간'에 과거의 흔적을 가둬놓는 건 지극히 자연스러운 일이지만, 공간 속에 두고 온 과거를 실재(實在)와 연결하는 건 매우 어려운 문제이기도 하다. 영화 〈아카이브〉(2020)는 하나의 공간을 대상으로 과거에 놓인 현실을 현재로 불러오는 이야기를 다뤘다. 이러한 노력이 화면 곳곳에 배어든 부분이 제법 흥미를 불러일으켜 영화를 보는 이들에게 여러 부분을 절로 생각하게 만든다. 과정을 표현하고자 SF라는 장르를 도입했는데, 실재와 무관한 현실적 사고를 배치함으로써 의외의 상상을 연장하게 만드는 계기가 되는 것 같기도 하다. 관객은 일본의 한적한 공간에 놓인 '연구소'라는 무대를 배경으로 각각의 캐릭터, 즉 여기서 등장하는 J1, J2, 그리고 J3에 이르기까지 이들 안드로이드의 발전과 소통을 통해 점차 확장되는 감정의 개념을 무리 없이 받아들이게끔 한다.

간간이 모습과 목소리로 등장하는 줄스(스테이시 마틴 분)의 역할은 J3로 비치는 화면의 투영이 역력하게 대치되는 숏이다. 영화 속에서 구체화된 그녀의 모습은 여전히 주인공 조지(테오 제임스 분)의 플래시백을 통해 그 이미지를 하나씩 벗겨내는데, 이는 단순히 과거의 사건을 들추어내는 측면을 넘어 그가 쌓아온 감정의 층을 이해시키는 관점이라 하겠다. 인상 깊은 숏이 드물게 느껴질지라도 그녀가 가진 이미지의 형상이 결코 가볍게 느껴지지 않는 건 이내 등장하는 J3의 이미지와 겹치는 현상이 잦기 때문이다. 조지는 아카이브에 저장된 줄스의 모든 기억을 J3를 통해 현실로 가져오고자 하고, 이러한 계획을 뒤늦게 알게 된 J3는 그의 계획에 반항을 한다. 여기에 줄스의 역할을 대체하는 J3의 역할을 보다 강조할 수 있더라면 화면이 잡아내는 각각의 숏의 의미를 관객의 관점에서 좀 더 쉽게 이해할 수 있지 않았을까.

영화 속에서 눈여겨 보이는 지점은 크게 두 가지이다. 첫 번째는 항상 의문점을 갖게 만드는 J2의 대사와 행동이고, 두 번째는 J2가 늘 응시하던 연구소 아래 폭포의 모습이 바로 그것이다. J2는 J3의 개발에 높은 흥미와 함께 자주 반감을 표시하는데, J1과 J3의 사이에 위치하면서도 자신의 정체성에 늘 의문을 가지며 자신의 자리를 찾고자 애쓰는 모습이다. 그래서 J3의 개발과 완성에 표면적으로는 협력을 드러내지만, 뒤에서는 시기와 질투로 여겨지는 시선과 행동이 잇따르는 것처럼 보인다. 비단 '인간'과 '안드로이드'의 경계를 떠나서, 영화는 우리 삶의 과거를 붙잡고 놓지 못하는 질긴 '끈'의 영역과 사람과 사람을 넘어 각각의 개체로서 서로 간에 이뤄지는 감정 공유 등에 초점을 맞추고 있다는 생각이다. 우리는 끝없이 과거를 되새기고 이를 통해 현재를 이루고 이러한 층의 되풀이로 미래를 끄집어 당긴다. 그 과거가 현재와 미래의 삶에 어떤 영향을 미치는지는 논외로 하고 말이다. 사실 영화 속에서 이러한 메시지는 다음에 펼쳐지는 여러 장면을 통해 그 의도를 살며시 드러낸다. 이는 조지 자신의 기억이 자연스레 끄집어낸 형상이 투영된 것으로, J2를 배경으로 한 '폭포' 신scene이 그 시선을 구체화하다가 어느 순간 넓은 호수를 통해 그녀의 모습을 감춰버리는 등 여러 기표를 통해 또 다른 의미의 기제로 이를 확장하는 모습으로 이어진다.

사실 그때까지 이끌고 왔던 조지가 가진 감정의 흔들림은 갑자기 열려있던 입구, 어느 날 유리창을 깨고 침입했던 정체불명의 무언가 등을 통해 점차 긴장을 고조시켜왔다는 점에서 이에 대한 해소를 당당히 요구하고 있었다. J2의 행동에 대한 해석은 그런 점에서 솟과 솟을 연결하는 각각의 장면에서 보다 구체화되고 있었다는 생각이다. 여기서 보이는 화면의 모호성은 마지막 장면을 통해 조지의 내면을 이해하기 쉽도록 이어진다는 점에서 충분히 수용 가능한 점이 아니었나 싶다. 계속해서 강조되는 '폭포'의 의미는 사실 여기서 말하는 모호성을 좀 더 부각하는데, 사실 폭포는 위에서 아래로 떨어지는 낙차의 강도 측면에서, 사건의 당위성에 무게를 싣는 시선의 트릭이다. 자세히 말하면, 영화 속에서 '폭포'를 바라보는 시선은 크게 2가지로 구분된다. 하나는 위에서 아래로, 아래에서 위로, 옆에서 옆으로, 그 시선을 더욱 다양하게 비추며 폭포가 지닌 형상을 강조하는 것이며, 또 다른 시선은 J2를 배경으로 그녀가 바라보는 폭포에 대한 시선을 통해 그 감정을 드러내는 부분이라 하겠다.

폭포가 사건의 방향성과 감정을 구체화한다면, J2의 내면은 이미 어긋난 후이다. 영상에서 나타나는 이러한 직설적인 표현은 제법 익숙한 일직선을 그어 관객이 메시지를 읽어내는데 큰 부담을 안겨주지 않도록 배려한다. 다만 이러한 점이 곧 있을 반전의 서막을 안겨주기 위한 준비과정이었음을 이해하는 데에는 다소 부족한 건 사실이다. 지금까지 우리가 받아들인 반전의 이해는 그 표현이 끝에 다다라서야 더욱 구체화하지만, 이 영화가 서사를 풀어내는 방식은 생각보다 훨씬 불친절하기 때문이다. 영화 속 '아카이브'가 담고 있던 메시지를 한 번에 뒤바꾸어 버리는 색다른 발상은 지금까지 관객이 가져온 여러 감정을 재치 있게 흔들어 대는 구조로 다가온다. 이를테면, J1은 물론 J2가 가져왔던 메시지의 당위성을 통째로 휴지통에 처박아버리는 것과 다를 바 없다는 측면에서 그렇다.

감독인 개빈 로서리는 자신의 필모그래피를 차지할 첫 번째 작품으로, 이 영화 〈아카이브〉를 택하면서, 더욱 치밀하고, 보다 구체화된 '감정'의 표현에 승부를 걸었던

감독인 개빈 로서리는 자신의 필모그래피를 차지할 첫 번째 작품으로,
이 영화 〈아카이브〉를 택하면서, 더욱 치밀하고, 보다 구체화된
'감정'의 표현에 승부를 걸었던 게 아닌가 싶다.
여기에 그가 의도한 반전의 효과가 '아카이브'라는
커다란 매체에 주목하고 있다면, 의외로 그의 메시지는
마지막에 들어서 그 의미를 수면 위로 부각시킨다.

게 아닌가 싶다. 여기에 그가 의도한 반전의 효과가 '아카이브'라는 커다란 매체에 주목하고 있다면, 의외로 그의 메시지는 마지막에 들어서 그 의미를 수면 위로 부각시킨다. 잃어버린 줄스를 다시 찾고자 했던 건 조지의 그녀에 대한 깊은 사랑과 아쉬움이었지만, 이는 아카이브의 목적과 방향을 평범한 시선에서 구체화하지는 못한다. 어쩌면 그가 의도했던 제대로 된 반전은 줄스의 입장과 조지의 입장을 나란히 평행선에 늘어놓고, 그 사랑의 의미에 보다 진한 여운을 남기고 싶었던 게 아니었을까. '아카이브'는 남아있는 자 이외에 떠나가는 자의 입장에서도 충분히 깊은 의미를 가지기 때문에….

오랜 믿음에 대한 정의

런 Run, 2020

영화를 볼 때, 그 속에서 때로는 치열하게 움직이는 서사가 불편하게 여겨질 때가 있다. 이는 사건의 단면성(單面性)에 기인할 수도 화면이 표현하고자 하는 독특한 형상 때문일 수도 있다. 영화가 가진 장르의 특성은 주제를 드러내기 위한 가장 효율적인 방법을 택하게 되고, 이를 위해 이외의 것들은 철저하게 외면하는 경우가 많다. 이 또한 텍스트가 풍부해진 현대 사회의 매체 변화 속에서 영화가 그 방향을 선택해야 하는 갈림길에 서 있다는 점과 무관하지만은 않다. 거대 스크린에서 개인용 스마트폰으로, 그리고 나날이 증가하고 있는 스트리밍 서비스에 이르기까지. 제각기 매체 환경의 변화에 적응하며 모두가 살아남기에 급급한 이 시대에 있어, 그런데도 영화는 아직 그 본질만이라도 잃지 않고자 발버둥을 치고 있다는 생각이다. 여기서 말하는 본질은 과거에는 사람과 사람을 잇기 위한 소통의 통로로, 현재에 들어서는 아직 가보지 못한 이상향을 꿈꾸는 이들에게 새로운 서사를 전달하기 위한 화자(話者)로, 그렇게 영화가 또 다른 형태의 새로운 역할을 찾아 나서고 있음을 의미하고 있지 않나 싶다.

변치 않는 건 시간이 제 속도를 머금고 계속해서 움직이더라도, 사람들이 그리고 관객들이 존재하고 있는 한, 영화는 그들과 소통하고 있고 또 소통해야 한다는 사실이다. 소통은 '나'와 '너'가 평등한 입장에서 메시지를 주고받을 수 있는 체재에서 갖춰져야 하기에, 서로의 수긍과 동의를 전제로 한다. 다시 영화가 지닌 '장르'의 특성으로 돌아와서, 공포나 스릴러 장르는 현실 세계의 반영을 뒷받침하는 서사를 드러내기도 하지만, 엄밀히 말하자면 소재를 조작하거나 왜곡 또는 재구성해 형식적인 측면을 더욱 강조하는 경향이 있다. 여기서 말하는 이야기 구조는 오랫동안 쌓여 온 제법 익숙한 스타일을 따르기 때문에, 그곳에서 파생되어 퍼져나가는 서사는 관객에게 더 이상의 새로움을 전달하기엔 이미 많은 작업을 거쳤다. 그래서 각각의 장르는 서사 그 자체에 집중하기보다 촬영, 편집, 카메라 움직임 등의 기법을 동원해, 화면 곳곳에 강한 악센트를 주는 장면을 굳이 만들어내는 데 집중하는 경향도 있다.

화면 속에서 이는 주제를 드러내기 위한 목적일 수도 있고 관객의 감정을 건드리기 위한 수단으로 작용하기도 한다. 영화 〈런〉(2020)은 그런 형식적인 측면에서의 기교를 꽤 많이 강조한 작품이다. 아쉽게도 시작부터 마지막까지 다양한 영화적 요소의 균형을 잃지 않으려 애를 쓰지만, 화면에 비치는 모든 부분적인 요소들은 관객과의 소통의 손길을 대부분 외면하고 만다. 즉 영상을 통해 드러내고자 하는 주제가 분명하지 않고, 기반을 이루는 '서사' 그 자체가 태생적으로 관객과 소통을 제대로 하고 있지 못하다는 측면이 강하다. 이는 낮은 개연성과 맥락을 함께 한다. 태어난 아기를 바라보는 다이앤(사라 폴슨 분)의 표현력에 비해 이어지는 화면이 그 힘을 제대로 받아내지 못하는 건, 도입부에서 파생되는 내러티브가 관객과의 소통을 단절하기 때문이다. 가장 대표적인 부분이 클로이(키에라 앨런 분)가 장바구니에서 엄마의 이름으로 처방받은 의문의 약을 발견하는 장면이다. 관객은 십수 년 동안 이어지던 두 사람의 서로에 대한 신뢰가 이 장면 하나로 철저하게 무너져 내리는 이유를 쉽게 찾기 어렵다. 앞에서 언급한 사건의 개연성을 낮추는 건 물론, 장면마다 영화가 가진 힘을 계속해서 끌고 가지 못하는 가장 큰 이유가 아닐까 싶다.

그녀의 딸 클로이는 이때부터 엄마에 대한 의심을 직접 드러낸다. 단 한 번의 호흡도 없이 앞을 향해 직진하는 거친 화면은 영화가 가진 이야기를 종잡을 수 없게 만든다. 다이앤과 클로이 사이의 대화가 단절되지 않고 이어지면서 의심에 대한 해소가 자연스러운 속도와 패턴의 형식을 가졌더라면, 오히려 화면에 힘을 보태지 않았을까. 어쩌면 이 아쉬움은 시나리오 자체의 부족함을 더욱 부각하는 점이라고밖에 볼 수 없겠다. 스릴러가 가져야 할 가장 기본적인 특징은 정답을 쉽게 드러내지 않는 탄탄하고 치밀한 구성력인데, 이 영화 〈런〉은 그 이유와 뒷이야기마저도 너무나 어렵지 않게 예측할 수 있도록 허술한 공간을 그대로 노출하고 있어 아쉬움이 진하다.

그 사건 이후 다이앤은 클로이와 관계를 회복하고자 하는 의사를 수차례 표현하지만, 한 번 무너져내린 신뢰를 쉽게 돌리지는 못한다. 단 한 번의 약점이 강한 불신으로 이어지는 이 지점은 사건의 개연성을 낮추는 또 다른 이유로 작용한다. 여기서 감독의 의도가 담긴 연출 그리고 서사를 통한 관객과의 소통이 화면과 기교가 아닌 형식적인 측면으로 더욱 기울고 있음이 여지없이 증명된다. 어떤 측면에서는 영상에 담긴 '형상', 즉 배우의 대사 또는 행위, 더 나아가 사건의 전개 등이 이야기를 풀어내는 과정에서 특별한 기제로서 그 힘을 발휘하기도 하지만, 이 작품에서는 오히려 '형상' 그 자체보다도 서사를 표현하는 스타일이라는 수식이 좀 더 어울리는 것 같다. 영화 〈런〉이 아예 서사적 특징을 소홀히 하고 있다고 볼 수는 없지만, 이처럼 서사가 충족되지 않은 영화가 아무리 형상의 감동을 추구한다고 한들, 그 힘에 대한 기반을 스스로 잃어버리고 만다는 사실은 누구나 쉽게 이해할 수 있기 때문이다.

이렇게 보면, 영화 〈런〉이 지향하는 방향은 구조적 측면에서의 서사를 충분히 충족하는 작품은 아닌 듯하다. 어쩌면 이는 영화 〈인비저블맨〉(2020)이 가지고 있는 부분과 유사하기까지 하다. 관객과 소통하기 위한 서사 그 자체에 주력하지 못하고 사건을 전개하는 표면적인 구성, 즉 영화가 표현하고자 하는 장면 하나하나의 힘에 그 무게를 더하고 있음이 곳곳에서 묻어나고 있어서다. 이는 이러한 표현 방식이 무조건 부정적이라는 얘기와는 다르다. 오히려 그 방향과 목적에 맞춰 적절한 방식을 선택하는 게 옳다. 그런데도 영화 〈런〉은 애초 관객에게 전하고자 했던 이야기가 '엄마'와 '딸' 사이의 균형적인 소통 그 이상의 것을 넘지 못하면서도, '스릴러'라는 장르를 억지로 끼워 넣어 이를 이해시키는 힘이 부족함을 스스로 증명하고 있는 듯하다. 또한, 이를 채워줄 다양한 소재의 부족과 낮은 개연성도 여기에 한몫을 더하고 있고 말이다.

인물이 나타내는 여러 감정적 표현은 배역의 연기를 통해 충분히 묻어나고 있지만, 그 힘을 주장하는 사건의 장(場)을 만드는 데는 부족하다고나 할까. 코로나19 일상으로 인한 좀처럼 갖기 어려운 상영관에서의 리얼리티를 완벽하게 누리기 어려운 점이 영화의 개성조차 온전히 살리는 데 실패했다는 점 또한 더욱 안타까운 부분이 아닐 수 없겠다. 영화는 이야기 그 자체만으로 충분히 파생적인 기반을 다질 수 있는 여지를 열어놓았다. 하지만 약 90분간의 러닝타임을 온전히 끌고 갈 힘까지 가지지 못했음에 수차례 아쉬움이 남는다. 마지막 장면에서 드러나는 애교스러운 장치 또한 관객의 호응으로 마무리할 수 있었다면 더욱 좋았겠지만, 그 여유가 달갑게 받아들여졌을 경우라는 전제가 있다면 말이다.

아이가
그리는 세상

마리오네트 Marionette, 2020

성장하는 아이에게 환경의 변화는 치명적이다. 세상을 제대로 대하지 못하고 또 세상을 어떻게 바라봐야 하는지조차 그저 계속해서 배우고 있을 뿐이니까. 어릴 적 이사를 자주 경험하진 않았다. 얼마 되지 않은 그것마저도 한 동네에서만 기웃거렸으니 내게 있어 '전학'이라는 단어는 채 익숙지 않은 거였다. 배움의 과정을 혹독하게 거치고 있는 아이에게 '전학'은 세상이 완전히 뒤집히는 것과 같다. 학기 중 전학을 온 아이들은 소문과는 달리 생활에 쉽게 적응하지 못했다. 마치 현실 속을 방황하거나 눈치를 보며 시간을 보내는 것처럼 말이다. 때로는 학교를 떠나는 이들조차 내게는 적응하기 힘든 이별의 시간으로 자리했다. 평소 똘똘 뭉쳐 지냈던 세 명의 친구들은 어느 날 한 명이 떠나고 나서야 이별이 뭘 의미하는지를 제대로 돌이킬 수 있었다. 또 다른 친구는 가끔 떠나간 친구를 떠올리며 '함께 했더라면 참 좋았을 텐데.'라며 추억에 잠기곤 했다. 이별은 우리에게 참으로 적응하기 어려운 환경의 일부분이었고, 이는 이별의 순간을 감내하며 그 안에 남아있는 채 성숙하지 못한 이들의 정서를 송두리째 뒤흔드는 일이었다.

클로이 모레츠가 주연을 맡았던 영화 〈이프 아이 스테이〉(2014)는 갑작스러운 교통사고로 부모를 여의고 자신과 동생조차 죽음의 경계에 서서 주위 사람들을 돌아보게 만드는 색다른 시각과 해석을 제시한 작품이다. 흔히 이런 경우 삶과 죽음의 무게에 보다 초점을 맞추곤 하지만, 이 영화는 특이하게도 당사자가 아닌 남아있는 사람들의 슬픔과 환경 변화를 들여다본다. 그만큼 떠나간 사람들은 그대로 제쳐두고, 남아있는 자들이 그 이별의 충격과 변화를 어떻게 견뎌내고 수용하는지를 한 번쯤 눈여겨볼 필요도 있다는 얘기이다. 영화 〈마리오네트〉(2020)는 이런 점에서 앞의 작품과 상당히 비슷한 시선을 들이민다. 알 수 없는 심리 게임을 동반한 초반의 도입부는 쉽게 받아들이기 힘든 교묘하고도 흥미로운 기제를 상당수 늘어놓아 관객의 관심을 이끈다. 이 부분이 결말에 가까워져 해소되기 시작하는 지점은 지금껏 이어온 긴장과 스릴의 연속을 온전히 담아내지 못해 다소 아쉬움을 남기지만 말이다. 그런데도 영화는 25분짜리 단편영화를 확장한 처음의 이미지를 그대로 담고자 많은 부분 노력했다는 점에서 충분한 만족감을 느낄 수 있다.

영화가 제시하는 스토리텔링은 아무래도 관객의 눈길을 사로잡는 다채로운 이미지 형성에는 다소 부족한 편이다. 한 아이가 그림을 통해 미래를 만들고 그 미래에 의문을 가진 여러 인물이 아이의 반감을 사면서 자신을 스스로 무너뜨리는 과정인데, 아이의 정체와 심리에 대해 의문점이 가득하지만 이를 감질나게 건드리는 부분이 관객의 신경을 건드리는 부분이 되어서다. 사실 지금까지 여러 미스터리 스릴러가 이와 유사한 이야기 전개 형식을 계속해서 답습해왔기에 이에 비교적 지친 관객의 흥미를 새롭게 유발하는데 다소 동력이 떨어지는 점도 한몫한다. 그만큼 영화의 전개는 보편적인 그것의 형식을 따르며 지루한 이야기 전개를 반전시켜줄 무언가를 찾기에 아쉬운 게 사실이다. 하지만 제기된 의혹을 계속해서 극의 중심에 띄우면서도 그 긴장감을 그대로 끝까지 유지하는 점과 결말의 반전을 마지막 순간까지 이끌어 관객과 줄다리기를 제대로 형성하는 부분은 충분히 눈여겨볼 만한 부분이라는 생각이다. 주어진 환경 변화에 적응하지 못하는 주인공 매니(엘리야 울프 분)는 자폐적인 성향을 띠고 항상 그림만 그리는데, 영화가 말하는 부분은 '왜 그의 그림이 항상 부정적인 미래 예견에 유독 초점을 맞추느냐?'에 대한 문제 제기다. 이는 영화 속 매리언(테크라 레우텐 분)이 줄곧 언급하고 있는 그림 속 미래가 하나의 저주라기보다는 급작스러운 환경 변화에 부닥친 그의 정신적 환경이 현실과 마주한 공간의 충돌이 있는 그대로 나타난 것으로 판단된다. 더불어 매니의 이상에 맞게끔 그의 주변이 자신과 소통하고 있음을 안내하고 있는 부분으로 해석이 가능하고 말이다.

이를 증명하기라도 하듯, 영화는 '마리오네트'라는 타이틀을 선뜻 제시했는데 작은 무대 위에서 줄에 매달려 움직이는 인형을 의미하는 이의 의미가 바로 매니의 시선과 연결되어 있기 때문이다. 이는 얼핏 보면, 매니가 자신의 그림을 통해 그의 시선과 세상을 같은 방향으로 유도하는 것으로 이해되지만, 결말의 마지막 반전을 보고 나면, 오히려 이 부분이 뒤바뀌어 환경, 즉 세상이 그를 대하고 수용하려는 이중적 의미의 그것으로도 작용하고 있음을 알 수 있다. 결국, 사고로 인한 환경 변화를 맞이한 건 매니였고, 그 상황을 인정하고 이겨내야 하는 것 또한 매니 스스로 극복해야만 하는 과제였다는 점에서 더욱 그렇다. 매리언은 매니의 머릿속에서 쉴 새 없이 소용돌이치는 하나의 심리적 기제로 존재하고 있는데, 그녀가 부닥친 이해할 수 없는 조건과 환경은 매니를 중심으로 한 사회적 수용의식을 그녀를 통해 표현하고 있는 것으로 이해할 수 있다. 이처럼 영화는 매리언을 이야기 전면에 내세워 매니와의 연결고리를 통해 다양한 미스터리를 관객에게 제시하고 있지만, 결국 엘버트 반 스트리엔 감독이 말하고자 하는 건, 그러한 표면적인 흥밋거리를 넘어 정

아직 채 완성되지 않은 아이의 인격은
여러 갈래의 가능성을 내포하고 있다는 점에서
영화가 얘기하는 부분에 대한 깊이가 단지
이를 그냥 지나쳐버리기엔 그 무게가 상당히
묵직한 작품이 아닐까 싶다.

신적 성숙에 이르지 못한 아이들의 환경을 어른의 시각에서 어떻게 받아들이고 수용해야 하는지를 '책임'과 '역할' 부분으로 나뉘어 전달하고 있는 게 아닐까 하는 생각이다.

이와 같은 아이의 사회적 수용 과제를 이야기 표면에 내세우는 건 영화 〈식스센스〉(1999)의 사례를 통해 쉽게 이해된다. 흔히 반전에만 집착한 나머지 쉽게 간과하고 지나쳐버리는 그것, 즉 애초부터 콜(할리 조엘 오스먼트 분)이 자신의 눈에만 보이는 영적인 존재들을 어떤 방식으로 수용해야 하는지에 영화가 말하고자 하는 바가 있었음을 고려한다면, 이 영화 〈마리오네트〉를 보다 쉽게 이해하는 데 도움이 될 듯하다. 콜이 말콤(브루스 윌리스 분)의 도움으로 자신이 처한 환경을 어렵게나마 극복할 수 있었다면, 영화 〈마리오네트〉 또한 매리언이라는 하나의 심리적 현상을 통해 자신의 환경을 이해하고 수용하게 된다는 점에서다. 결국, 앞에서 언급한 '매니의 그림이 왜 부정적인 미래 예견에 유독 초점을 맞추고 있었나.'에 대한 답변은, 부모를 잃은 아이의 환경 변화로 인해 자신의 미래를 받아들이는 불안감이 하나의 이미지로 형상화되어 화면에 표출됐다는 쉬운 설명으로 이어진다고 하겠다. 아직 채 완성되지 않은 아이의 인격은 여러 갈래의 가능성을 내포하고 있다는 점에서 영화가 얘기하는 부분에 대한 깊이가 단지 이를 그냥 지나쳐버리기엔 그 무게가 상당히 묵직한 작품이 아닐까 싶다.

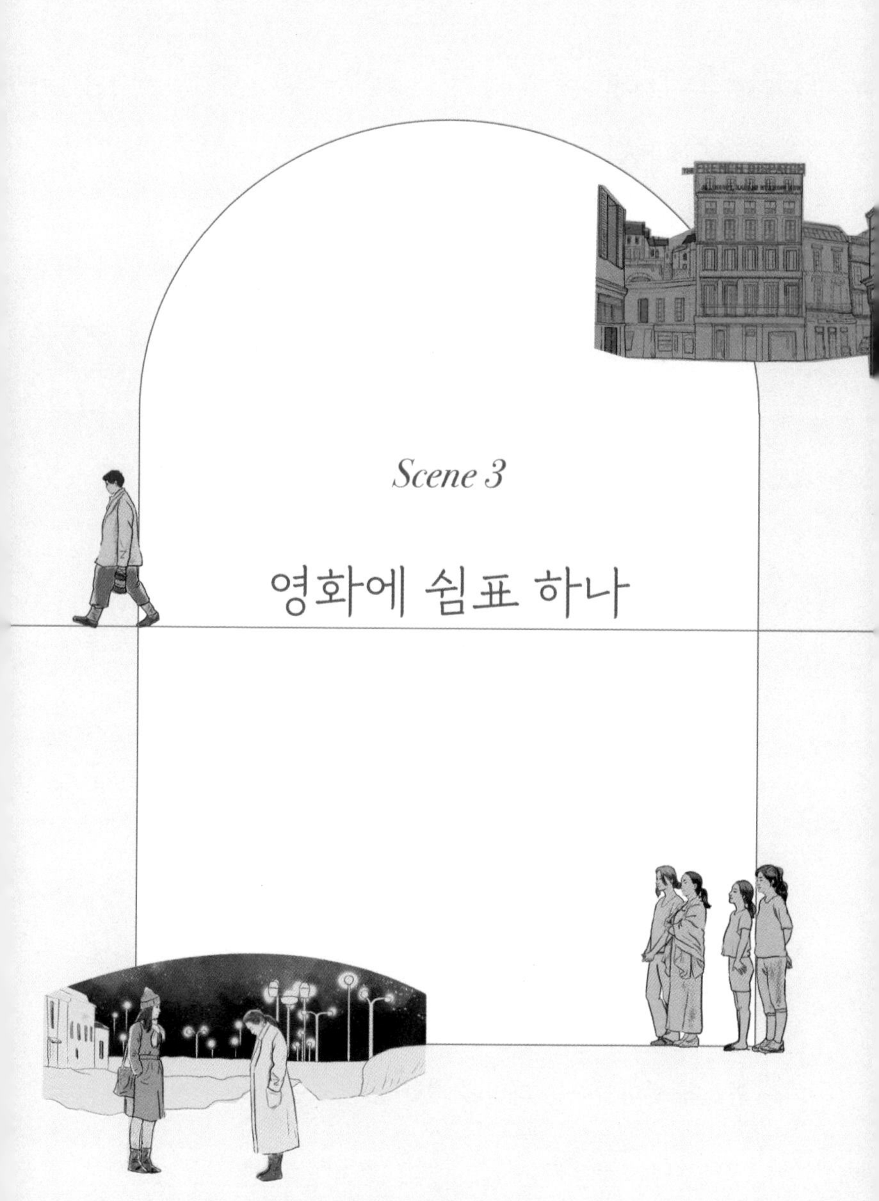

Scene 3

영화에 쉼표 하나

순간에 지나치는 사랑의 과정

꽃다발 같은 사랑을 했다

We Made a Beautiful Bouquet, 2021

시간의 흐름을 영상에 담아내는 것만큼 '비포(Before)'와 '애프터(After)'가 명확하게 구분되는 순간도 드물다. 단순하게 구분되는 '앞'과 '뒤', 즉 화면에서는 과거와 현재, 또는 미래로 나뉘는 경계를 떠나, 우리가 이해하는 '시간'의 개념과 시점의 정의가 단순한 2차원적 개념이 아닌 '공간'이라는 구체적 흐름까지도 전달하기 때문이다. 눈에 보이지 않지만, 눈에 담아낼 수 있는 그것의 흐름이 화면 속에서 명확하게 선을 드러내는 이러한 개념은, 그 속에서 묘한 사연과 감정으로 드러난다. 누구나 자연스레 받아들이는 타인에 대한 감정 또한 이와 유사한 맥락을 함께 한다. 이를테면 키누(아리무라 카스미 분)와 무기(스다 마사키 분)가 서로에게 이끌렸던 공감대가 형성된 그 순간도 그럴 것이다. 흡사 잃어버린 분신의 흔적을 찾아내듯, 그들은 서로의 공통점을 드러내고 찾아내며 마치 자석과 같은 이끌림을 경험한다. '우연'의 영역이 만드는 그들 사이의 이 '필연'의 순간은 영화 속에서 더욱 구체화된 형태의 서사로 두 사람을 하나의 틀로 묶어내고 있다.

도이 노부히로 감독의 영화 〈꽃다발 같은 사랑을 했다〉(2021)가 표현하는 메시지는 주머니 속에서 우연히 발견하고 꺼내 든 꼬깃꼬깃해져 버린 종잇조각과 닮았다. 평범한 남녀가 꿈꾸는 사랑을 소재로 현실과 거리가 먼 이상을 이야기하는 듯 보이지만, 결국 이처럼 모든 것들이 인생의 부대낌에 끼여 흐릿해지고 마는 하나의 과정에 불과함을 여실히 드러내고 있기 때문이다. 그러니까 키누와 무기가 보여주는 둘 사이의 감정 변화는 카메라가 연신 비추는 두 사람의 '신발'에서 쉽게 드러나듯이, 시간이 흐를수록 익숙함에 적응하고 현실의 벽에 가로막혀 점점 보이지 않는 곳으로 스며들고 있다는 얘기이다. 가장 대중적이고 보편적인 남녀의 감정을 가장 감추고 싶은 개인의 영역으로 이끌고 가는 이러한 감독만의 이야기가 영화를 독특하고 아름다운 색깔로 덧씌워 그 자체로서 돋보이게 만드는 요소로 작용하고 있지 않나 싶다.

두 주인공의 사랑은 이처럼 누구나 공감할 수 있는 평범함을 담고 있기에, 그 색깔이 너무나 명확하다. 특색있고 다채로운 사연으로 일상적인 그것을 벗어나 새로운 이야기를 전하는 것과는 달리, 우리 삶의 내면을 깊숙이 파고들어 모든 이들이 공감할 수 있는 여지를 갖췄다. 여기에 그들의 첫 만남에서부터 서로에게 여운을 남기고 고백을 건네는 그 떨림의 순간, 또 함께 살을 부대끼며 알콩달콩 티격태격 살아가는 공간에서도 이야기가 쉽게 넘어가는 이유는 그 때문이다. 이들이 함께 꿈꿨던 이상적인 거리가 곧 현실로 다가오는 그 모습은, 그래서 더욱 선명하게 보인다. 다만 무기가 자신의 어깨를 짓누르는 책임감을 깨닫고 현실을 직시하고 변화하는 과정과 키누가 현실과 이상 사이에서 그 경계를 구분하고자 하는 장면은, 또 다른 현실과의 타협으로 드러나는 부분이다. 이는 남녀의 시각을 달리했다기보다는 그 경계의 구분이 의미하고 있는 바를 감독 자신만의 시각으로 풀어내고자 한 역할과 장치에 불과할 뿐이다. 결국, 그들 모두가 부딪혀 이겨내야만 하는 현실 속 공허함이 지인들이 삶의 끈을 놓고 마는 사건과 결을 같이해, 무거운 현실에 하나의 무게를 더얹고 마는 시점으로 드러난다.

함께 지내면서도 다른 생각을 하게 된 이들이 나누는 대화는, 이 때문에 건조하지만 그들의 속내를 더욱 깊게 파고든다. 서로가 붙잡고 있었던 책들과 '젤다의 전설'과 같은 게임은 그런 점에서 두 사람이 과거에 놓고 온 미련과 끈으로 비칠 수밖에 없다. 그들은 현실을 살아가고 있지만, 과거의 끈을 결코 버릴 수 없었고, 그런데도 누구나 그렇듯 선택을 해야만 하는 처지에 놓여 이와 같은 현실을 아픈 시선으로 직시하는 듯하다. 오랫동안 쌓여온 그런 속내를 한참 겉으로 쏟아낸 후에 '차를 너무 우렸네.' 라며 식어버린 차를 건네는 키누에게, 무기가 '이 정도가 딱 좋아.'라고 대답하는 장면은 이미 그들의 끝이 어떤 방향을 의미하고 있는지를 우회적으로 표현한 장면이기도 하다. 이 또한 함께 신고 있던 하얀색 운동화가 제각기 다른 색깔의 구두로 변해버린 것처럼, 현실의 벽을 외면할 수 없음을 부인하지 못했기 때문이다. 하지만 이들이 나누는 이별이 결코 현실에 가로막혀 버린 이상의 가치를 철저하게 무시하고 있는 게 아닌 건, 시퀀스마다 남겨놓은 감독의 의도적인 끈이 아닐까 싶다. 두 사람이 나눈 대화의 끝이 각각의 여지를 남겨둔 것도, 그리고 마지막 섹스를 통해 한 번 더 확인하고 싶어 했던 그들의 속마음마저도, 또 이별의 고백을 꺼내고자 했던 옛 음식점을 다시 한번 찾아가는 것도 말이다. 사실 도이 노부히로 감독은 이와 같은 과정을 통해 젊은 청춘이 꿈꾸는 이상이 곧 현실을 만들고 사회가 이러한 이상 위에 구성되고 있음을 에둘러 표현하는 모습을 비추는 것 같다.

키누를 위해 자신의 꿈을 포기하고 현실에 마주 선 무기도, 그런 무기를 바라보며 거울 속에 자신의 얼굴을 비추고 또 다른 길을 찾아 나선 키누도, 모두가 청춘남녀의 사랑을 핑계 삼아 어느새 우리 모두의 자화상이 되어버렸다. 영화의 타이틀이 드러내고 있는 '꽃다발'은 말 그

결국, 이와 같은 타이틀은 작품의 색깔과 주장하는 이미지를
가장 적절하게 표현하는 문구라는 생각이다.
점차 열어지는 꽃다발 속 향기는 언젠가 찾아오는 순간의
정점으로 비치지만, 그 순간이 의미를 퇴색하고 있다기보다
오히려 의미를 부여할 수 있다면, 그 향기는 언제나 우리 모두의
기억 속에서 끄집어내어 영원히 남을 수 있지 않을까.

대로 한 송이 한 송이가 모여 이뤄진 각각의 개성 있는 향기와 아름다움 그 자체로 표현된다. 하지만 그 속에 피어 있는 꽃의 이미지는 그들 각자가 꿈꾸는 이상을 담아내고 있어, 함께 모여 또 다른 형태를 비췄을 때와 그 색깔을 달리할 줄 안다. 어떤 꽃들이 모여 어떤 조화를 이루냐에 따라, 젊은 청춘의 새로운 꿈과 이상이 모이고 새로운 향기를 담아낼 수 있다. 결국, 이와 같은 타이틀은 작품의 색깔과 주장하는 이미지를 가장 적절하게 표현하는 문구라는 생각이다. 점차 옅어지는 꽃다발 속 향기는 언젠가 찾아오는 순간의 정점으로 비치지만, 그 순간이 의미를 퇴색하고 있다기보다 오히려 의미를 부여할 수 있다면, 그 향기는 언제나 우리 모두의 기억 속에서 끄집어내어 영원히 남을 수 있지 않을까. 영화 〈꽃다발 같은 사랑을 했다〉는 바로 그런 작품이다. 만남과 이별의 순간이 '시작'과 '끝'이라는 '비포(Before)'와 '애프터(After)'가 아닌, 완성된 사랑을 맞이하는 기억의 저편으로 스며드는 '과정' 속에 존재하고 있다고 얘기하는 것처럼.

한 공간에 놓인 두 사람

비포 미드나잇 Before Midnight, 2013

현실에 놓인 서사를 화면을 통해 간접적으로 경험한다는 것. 우리가 생활하며 '마치 영화처럼'이라고 내뱉게 되는 그 부분. 이러한 모든 이유가 영화를 찾아보고 이의 한계를 넌지시 짐작하게 되는 기회와 가치로 이어지는 게 아닐까. 한때 영화를 통해 현실 속에서 쉽게 경험하지 못하는 그 이면을 찾고자 애쓰던 적이 있었다. 하지만 점차 나이를 먹어가며 때로는 좀 더 현실적인 영화의 단면을 찾고자 애쓰게 된 것 같다. '현실'이 이러하다면 '만약'을 떠올리는 '이프 아이(If I)'가 아닌, 정말 내 삶을 있는 그대로 솔직하게 표현하는 삶도 영화의 가치와 이어지는 부분으로 나타나는 게 아닐까. 어릴 적 경험치가 곧 지금의 시야로 이어진다는 점에서, 어쩌면 우리는 '현실'과 '영화'를 애써 구분할 필요를 느끼지 못하게 된 것 같기도 하다. 그런데도 시간을 마주하고 깨닫게 되는 현실 속 어느 순간의 마주침은 자신의 생활과 무관하게도 화면의 한 공간을 빌려 드러나고 있어 이를 이해하는 순간 커다란 아쉬움을 느끼게 될 뿐이다.

영화 〈비포 미드나잇〉(2013)은 어쩌면 사십 대의 진한 현실을 적나라하게 구체화한 그런 작품이다. 나도 모르게 잊혀 간 이미 아득히 사라져 버린 시간을 절로 돌이켜보게 만들어 버리는 하나의 시도로서 그렇다. 이 작품은 예전 시리즈인 〈비포 선라이즈〉(1995), 〈비포 선셋〉(2004)과는 다른 구성으로, 누구나 겪게 되는 삶, 그리고 이를 이루는 시간을 달리 묘사할 줄 안다. 쉽게 말해, 앞의 두 작품이 대화를 통해 전달되는 서사의 한 루트를 파고든다면, 그들의 이야기를 마무리 짓는 이번 작품은 자연스레 세월의 속도를 받아들인 두 사람의 헐벗은 속내를 직접적으로 묘사하고 있다는 거다. 영화는 세 공간이 가진 각각의 장점을 끄집어내어 그 굴레가 얽히는 기운을 새롭게 표현한다. 이는 사각형의 화면에 두 사람이 같이 또 달리 살아온 삶의 이상을 그대로 충돌시켜 영화를 보는 재미를 더하고 또 남녀의 시선으로 구분되고 대변되는 색다른 이야기까지 꺼내는 장점이 있다.

제시(에단 호크 분)와 셀린느(줄리 델피 분), 두 사람은 어느새 인생을 함께하며 녹록지 않은 삶을 이어가는 시작을 오랜만에 선보인다. 제시에게는 전처와의 사이에 아들을 두어 그와의 감정이 계속해서 이어지고 있음을 초반에 늘어놓는데, 공평하게 배분된 각 신scene이 허투루 사용되는 게 없어, 보는 이에게 그 시선을 좀 더 편하게 만드는 공간을 허용하고 있다는 생각이다. 두 사람이 쌍둥이 딸들과 함께 그리스에서 휴가를 보내고 있는 지점은 서로를 향한 솔직한 시선이 점차 윤곽을 드러내는 무대다. 그들에게 유익한 공간을 내준 이들은 자신의 삶과 해석을 그들에게 살며시 전달하며 제시와 셀린느, 두 사람의 개성 강한 캐릭터를 자연스레 끄집어내는 조력자로 작용하기도 한다. 모두가 모여 만찬을 가지는 시간은 단순히 먹고 즐기고 떠드는 공간만이 아니기 때문이다. 오히려 젊은 세대와 중년 세대, 노년 세대가 제각기 부닥치고 이어가는 소통의 장(場)으로서 서로의 생각과 경험을 털어놓으며 다양한 시선이 결합하고 그 결과를 새롭게 선보이는 여지도 있다. 이들의 이야기는 어떤 면에서는 날카롭게 돌출되는 부분도, 다른 면에서는 조화로운 공간을 형성하며 서로의 차이를 자연스레 수용하기도 한다. 이 장면은 남성과 여성이, 세대와 세대가 서로를 이해하고 거부하는 경계에 서서, 그들 사이에 놓인 또 다른 형태의 경계까지도 진하게 눌러 담는 시간이 되기도 한다.

아이들을 맡겨두고 그들만의 시간을 가지는 신scene은, 신과 신 사이의 경계를 정말 절묘하게 무너뜨리는 '비포' 시리즈만의 특유의 장점을 재현하는 부분이다. 그들의 발걸음은 언제나 새로운 삶과 이해를 도출하고 과거와 현재를 이어 붙이는 공간을 형성한다. 두 사람이 조잘거리며 서로의 간격을 붙였다 뗐다 하는 시간만큼은 언제나 아슬아슬한 줄타기의 연속이다. 그런데도 그들은 감정의 강약을 적절히 조율하며 우리가 언제나 느끼고 살아가는 하루의 표면을 진솔하게 훑어 내린다. 쓸데없이 내뱉는 듯 보이는 또 다른 무게의 삶도, 지쳐있는 시선과 미소를 이끄는 내일의 그늘까지도, 모두가 자신을 둘러싼 이해의 영역에서 맴도는 게 아닐까. 제시와 셀린느는 그렇게 삶을 공평하게 공유하며 언제나 그랬듯이, 서로의 생각과 감정을 관객에게 온전히 전달한다. 이를 통해 마치 우리 또한 이들과 별반 다르지 않음을 절로 이해시키면서 말이다. 사실 두 사람은 예전과 다르게 많이 변했다. 젊은 시절의 패기도, 또 농익은 중년의 묵직함마저도 어찌 보면 그들의 발자취를 나름 그려왔지만, 이제는 오히려 과거를 돌이키면서 흘러간 '나'가 아닌 현재의 '나'를 인정해달라는 서로에 대한 재촉처럼 느껴진다.

호텔에서 시작된 그들 사이의 전쟁은, 그런 점에서 커다란 공감을 이끄는 클라이맥스가 된다. 이는 사십 대가 아닌 이상 결코 공유하기 쉽지 않은 특별한 공감대를 형성해내지만 어쩌면 이는 세대를 넘어선 이해와 시선의 경계를 무너뜨리는 이 영화만의 독특한 주장을 담고 있는 듯하다. 제시의 아들을 두고 발발된 그들의 대화는 점차 격앙된 목소리로 흔하디흔한, 그리고 언제나 아슬아슬한 줄타기의 전쟁을 스스로 즐기는 모습을 비춘다. 허나 이조차 두 사람의 속내를 빌려 우리 삶의 단면을 보이는 게 목적이라면 쉽게 공감하고 공유하게끔 되지 않을까. 단순한 부부싸움의 결말이 아닌, 남성과 여성의 역할을 새롭게 조명하고 변화된 사회의 질서를 이해하며 남녀가 이뤄낸 '가정'이라는 무게를 자연스레 받아들여 달라는 요구로서 말이다. 리처드 링클레이터 감독이 시리즈의 마지막을 장식하는 이 작품을 굳이 세 가지 공간으로 구분한 건 결코 우연이 아니다. 남녀가 만나 서로에 대한 호감을 표현하고 이를 계기로 그들만의 공감대를 형성하는 '가정'이라는 새로운 공간의 형성에 주목하는 이유다. 이는 결코 단순하거나 흔하거나, 혹은 가볍게 여겨질 수 없는 이해가 필요하기에, 누구에게도 희생이 아닌 삶의 한 조각이자 부분으로서 그 색을 더한다는 점에서 무엇보다 중요한 메시지가 될 수 있다. 줄리 델피와 에단 호크, 두 배우가 아니고선 상상조차 할 수 없는 이 이야기의 '남녀'의 이미지는 이렇게 세월의 묵은 때를 입고서 또 다른 색을 덧씌운다. 누구나 느끼고 누구나 이해할 수 있게 되는 이 시간이 작품을 통해 다채롭게 기억될 수 있다는 건 참으로 기쁜 일이 아닐까 싶다.

사연에
깃든
그 진한 내음

타이페이 카페스토리

Taipei Exchanges, 2010

유난히 더웠던 지난여름은 '아이스크림 라떼'와 함께였다. 자주 찾는 단골 카페의 아이스크림 라떼는 그 달콤함이 커피의 쓴맛과 묘한 조화를 이뤄, 매번 적시는 혀의 향연을 절로 느끼게 했다. 단맛과 쓴맛의 경계가 무너지는 그 순간만큼은 이마에 흐르는 땀을 내저을 만큼 무더운 여름을 견디게 만드는 시간이다. 커피를 좋아하는 이유는 바로 이 때문이다. 단맛과 쓴맛의 조화, 똑같은 원두일지라도 어떤 로스팅 방식과 추출 과정을 거치냐에 따라 맛이 확연히 달라지듯 얼핏 같아 보이는 커피의 내음도 어떤 장소에서 누구와 함께하는지에 그 깊이가 나뉜다. 이처럼 커피의 세계는 단순히 음료로서의 가치에 그치지 않고 삶의 깊이를 더해주는 인생의 한 축으로 자리하고 있지 않나 싶다. 영화를 함께 하며 계속해서 머릿속에 집어넣은 질문 하나는 영화의 소재가 된 '물물교환'의 배경이 "왜 하필 '커피'였고, 왜 하필 '카페'여야 했을까?"였다. 어차피 영화의 원제인 'Taipei Exchanges'가 개인에게 불필요한 무언가도 누군가에게 의미 있는 물건이 되고, 그 행위가 삶의 가치를 더해주는 것을 가리키고 있지만 말이다. 마치 두얼(계륜미 분)과 창얼(임진희 분)이 애초에 각자 바랐던 '공부'와 '세계여행'의 꿈을 서로 뒤바꾼 것처럼.

영화 〈타이페이 카페스토리〉(2010)가 전하는 이야기는 제목처럼 '커피'를 전면에 내세우지는 않지만, 보는 이에게 커피의 깊은 향을 느낄 수 있게 만드는 작품이다. 첫 화면에 늘어놓는 한 주를 가득 채우는 디저트의 종류는 인생의 맛과 무게가 가진 가치를 새롭게 들여다보게끔 만드는 기회다. 카페를 개업하며 새로운 인생을 시작한 두얼에게 친구들이 찾아와 매일 다른 디저트를 맛보며 '맛있다.'를 외치는 건, 삶을 바라보는 새로운 시각이다. 똑

같은 표현이지만 맛의 차이는 분명 존재하고, 디저트에 담긴 각각의 사연은 제각각의 풍미만큼이나 다른 사연을 표현하고 있어서다. 친구들이 그녀의 가게 개업에 굳이 카페와 어울리지 않는 쓸모없는 물건을 선물하기로 한 것도 바로 이 때문이다. 카페가 '물물교환'을 시작하게 된 배경으로 작용한 이 행위는 그녀가 삶을 다시 한번 바라보고 이해하게끔 만드는 영화 속 묘한 기제로 작용한다. 그곳에 전혀 어울리지 않을 것 같던 여러 물건이 제 위치를 잡고 그곳을 가득 채우면서 그녀가 카페는 물론 자신의 삶을 받아들이는 시선 또한 점점 변화하게 만들기 때문이다. 공간이 채워지기 전까지 그녀의 카페는 여느 카페와 다를 바 없었지만, 카페를 채운 물건들이 각자의 사연을 뿜어내면서 그곳을 방문하는 고객의 눈길을 끌게 되고, 어느새 카페는 하나밖에 없는 유니크한 정체성을 갖춘 곳으로 탈바꿈한다. 결국, 영화 속에서 '카페'는 그곳을 찾는 사람들의 사연은 물론, '물물교환'을 빗댄 '사연교환'의 장(場)으로서 삶과 삶을 이해하는 연결고리로 받아들여지는 모습이다.

영화는 다양한 방식으로 사람들과 소통하며
서로의 사연을 나누는 각각의 신scene을
'카페'라는 그들의 사연이 오가는 장소를 빌려
이를 대변하는 모습을 취한다.

어느 날 카페를 방문한 한 남성의 물건, 즉 세계 곳곳을 여행하며 그가 모은 비누가 카페의 물물교환 무대 위에 오른 건, 영화의 색깔을 가장 진하게 채색하는 장면이다. 비누는 사용하면 할수록 그 형체가 사라지지만 여기에 담긴 향과 촉감, 그리고 이를 사용하는 이들의 사연만큼은 고스란히 그 사람에게 전달되는 매체이기 때문이다. 남자는 이를 이유로 그녀와 매일 함께 시간을 나누며 자신의 이야기를 그녀에게 전하고, 두얼은 그의 사연을 그림으로 표현하는 시간을 갖는다. 행복한 시간처럼 느껴지던 순간도 잠시, 그는 어느 순간 카페에 늘어놓았던 자신의 비누를 한순간에 가져가 버리는 만행을 저지르는데, 이는 지금껏 그가 원했던 그녀의 진솔한 사연을 전혀 듣지 못했기 때문이다. 그는 두얼의 사연을 듣기를 원했고 그녀의 그림을 통해 그녀를 이해하고자 했다. 하지만, 그녀가 그린 그림이 채울 수 있었던 건 오직 남자의 삶, 그 이상을 벗어나지 못하고, 결국 그녀는 이 일을 계기로 자신의 삶을 돌아보는 시간을 갖게 된다. 자신이 진정 바랐던 삶과 그 색깔이 과연 자신의 인생에서 어떤 공간을 채우고 있는지를 돌아보는 시간 말이다.

이를 통해 그녀는 남자의 고백을 뒤로 하고, 세상을 돌아보는 자신만의 진정한 여행을 시작할 수 있게 된다. 두얼과 창얼은 자매지만 그들이 원했던 삶의 색깔은 오묘하게도 닮았고 독특하게도 달랐다. 두얼이 바랐던 '공부'와 창얼이 원했던 '세계여행'의 의미는 그들의 시선이 '자신'을 향하고 있느냐와 '세상'을 바라보고 있느냐의 차이로 해석된다. 남보다 나에게, 나보다 남에게 두었던 그들의 시선은 자신이 세상을 이해하는 시각과 직결되고, 무엇보다 두얼이 가진 생각의 범위가 상대적으로 좁았음을 대비시키는 장치로 작용한다. 두 딸의 엄마는 미용실, 마사지숍, 음식점, 택시 등 여러 장소를 거치며, 여러 차례 딸들에게 올바른 삶이 어떠한 것인지에 대해 잔소리를 해댄다. 그녀가 딸들에게 건네는 이 잔소리는 매번 사람들로부터 오해를 사는데, 영화 속 이러한 '불통'의 시간은 결국 딸들에게 사람들과의 소통과 공감의 의미를 강조하는 장면으로 이해된다. 사람들은 엄마의 말에 강한 부정을 내보이지만, 사실 이는 딸들이 추구하는 특별한 삶이 아닌, 일반적인 삶의 시선에서 이를 공유하는 게 얼마나 중요한 것인지를 강조하는 장면이라고 볼 수 있다.

영화는 다양한 방식으로 사람들과 소통하며 서로의 사연을 나누는 각각의 신scene을 '카페'라는 그들의 사연이 오가는 장소를 빌려 이를 대변하는 모습을 취한다. 영화의 사이사이에는 시민과의 인터뷰 장면이 딱 세 번 주어지는데, 첫 번째는 두얼이 꽃을 사기 위해 운전하던 도중 마침 카라 꽃을 배달하는 트럭과 부딪혀 접촉사고가 나는 장면이다. 수리비 대신 카라 꽃을 받아온 두얼의 모습을 뒤로하고 화면은 사람들에게 "당신이라면 어떤 선택을 할 것인가요?"라는 질문을 던진다. 두 번째는 두얼과 창얼이 각각 '공부'와 '세계여행'을 선택한 것을 두고, 이 역시 사람들의 의견을 묻는 장면이다. 현실과 이상의 경계를 모호하게 만드는 개개인의 주관을 시민들의 입을 빌려 취하는 이 부분은, 어떤 선택에 대한 편향된 무게를 강조하기보다 각자의 삶이 가진 가치를 존중하는 모습이라 하겠다. 마지막 질문은 "당신에게 가장 가치 있는 게 무엇인지?"에 대한 직접적인 질문이다. 이는 사람의 인생을 두고 '가치'를 따지는 게 아닌, 당신의 삶이 지금 올바른 '방향'을 찾고 있는지에 대한 반문과도 같다.

이처럼 영화는 시작부터 줄곧 삶의 가치와 무게를 여러 시선을 통해 견주고 나누고 여기에 공감을 더하는 노력을 시도한다. 앞에서의 엄마의 잔소리도, 친구들의 선물도, 남자의 사연도, 그리고 시민들의 인터뷰까지도 함께 말이다. 두얼은 어렵고 힘든 삶 속에서 매번 현실적인 선택을 하며 살아왔고, 항상 최선을 다하며 자신이 원하는 삶을 살아오고 있다고 생각했다. 하지만 타인의 시선을 빌려 거울에 비춰 본 삶은 오히려 진실한 속마음을 외면하고 있었고, 누군가의 눈치 대신 자신이 원하는 인생을 선택해야 한다는 또 다른 목소리가 존재하고 있었음을 뒤늦게 깨닫는다. 여기에 화면 속 보이지 않는 커피 내음은 그들 스스로 삶을 돌아보게 만드는 하나의 무형의 기제가 되기도, 혹은 커피의 진한 향으로 가득 채운 공간, 그 자체를 의미하는 기제가 되기도 한다. 즉, 모든 이의 삶과 물건에 제각각의 맛과 향이 스며들어 있음을 에둘러 표현하고 있다고 봐도 좋겠다.

영화는 장면 대부분에 잔잔하고 애틋한 분위기의 선율을 배경으로 깔아놓는데, 삶의 모든 순간이 이와 같은 리듬을 가지고 있음을 새로운 시각으로 해석하게 되는 부분이다. 이는 화면을 메우는 의미를 넘어 인생의 가치를 이야기하는 좋은 도구로 작용한다. 영화의 마무리에 들어서 관객에게 던지는 당신의 삶이 과연 가치 있는 삶인지에 관한 질문에 절로 순간의 멈칫거림을 발견하게 되는 건 어쩌면 당연할 것 같다. 우리는 모두 가치 있는 삶을 지향해야 하니까 말이다. 하지만 영화가 말하는 여기에서의 '가치'는 대중의 공감을 얻는 걸 넘어, 내가 원하는 삶의 '가치'를 말하고 있다는 점에서, 화면을 가득 채워주는 그 진한 커피 내음과 카페의 분위기가 영화가 마무리되는 그 장면에 접어들어서도 유독 그리워지는 게 아닐는지.

공간 속
인간에 대한
이해

이터널스 Eternals, 2021

진실과 거짓을 바라보는 이해. 내가 알고 있고 이해하는 진실에 대한 믿음과 이러한 것들이 한꺼번에 무너질 때의 당혹감. 어쩌면 이를 화면 속에 표출해 사람들과 더불어 이를 정의하는 것이 클로이 자오 감독, 그녀만의 세계관이 될 수도 있겠다. 그녀는 이미 이전 작품 〈노매드랜드〉(2020)를 통해 '공간'의 의미를 새롭게 해석한 바 있다. 단지 공간(Space)으로서의 물질적 이해를 넘어, 사람과 사람이 함께 공유하는 정서적 공간(Room)으로의 해석이 이에 해당한다. 그녀는 영화가 입체적 공간의 채색을 2차원의 화면으로 옮겨와야만 하는 매체의 특성을 이용해 그 공간을 하나의 서사로 가득 채우는 연출을 즐긴다. 한편으로, 이는 그녀가 즐겨 늘어놓는 인물의 구성과 역할까지도 관계가 깊은데, 이는 〈노매드랜드〉에서 펀(프란시스 맥도맨드 분)이 데이브(데이빗 스트라탄 분)의 집을 방문했을 때 가장 크게 부각된다.

그녀가 애기하고자 한 '집'이라는 공간이 의미하는 개념은 단지 눈에 보이는 그것의 개념을 떠나, 때로는 가족, 의복, 대화, 평안 등 공간을 통해 우리가 공유할 수 있는 다양한 의미를 내포하고 있었기 때문이다. 이와 같은 그녀의 메시지는 영화 속에서 반복해서 표현된다. 국립초원공원 관광에서 "돌 안에 공기가 많아 각각의 바위를 서로 부딪쳐 비벼댔을 때 어떤 일이 일어나는지 확인해보라."는 안내원의 애기 또한 이러한 주장과 부합하는 부분이다. 클로이 자오 감독이 최초로 히어로물을 제작한다고 했을 때 크게 의미를 둘 수 없었던 이유가 바로 관객이 이에 바라는 기대와 그녀의 메시지가 어떤 영역에서 일치하게 될 것인지에 대한 염려였다. 그리고 그 이해는 고스란히 영화 속에서 예상대로 반영된 듯하다. 영화 〈이터널스〉(2021)는 배경부터 이러한 '공간'에 대한 구성을 표출한다. 하지만 여기서 말하는 '공간'의 개념은 단지 물질적이거나 다소 구성적인 공간의 역할과는 확실히 차별적이다.

영화 〈이터널스〉는 히어로마다 각기 다른 힘을 설정하며 제각기 다른 영역에서 다른 역할을 할당한다. 여기서 이 역할은 그들이 지구에 온 '이유'와 지구를 지켜야 하는 '이유', 그리고 그들의 군주인 셀레스티얼을 위해 충성해야 하는 '이유'를 동반한다. 다시 말해, 그들은 자신에게 주어진 그 이유를 위해, 또 그 이유를 통해 그 이유를 해결해야만 한다. 이러한 해석은 클로이 자오 감독이 앞에서 언급한 〈노매드랜드〉에서 담아낸 그녀의 주장과 어떤 부분에서 부합한다. 즉, 공간을 구성하는 요소로서의 인간, 그리고 그 공간 내에서 그들 각각이 해내야 하는 역할, 그 역할로 인한 상호작용을 통해 발생하는 예기치 않은 어떤 사건들. 그 사건의 발생이 곧 그들이 그곳에 존재해야 하는 이유가 되고, 그 이유가 또 다른 이유를 만들어낸다는 의미를 담고 있기 때문이다.

각각의 히어로는 그 배경에서부터 엄청난 힘을 드러내고 있는 듯 보이지만, 실제로는 다소 기대에 미치지 못한다. 테나(안젤리나 졸리 분)는 높은 전투력에도 불구하고 정신적인 부분에서 약점을 보이고, 마치 어벤져스 멤버 모두를 뛰어넘을 듯 보인 초인적인 존재임을 스스로 드러내고 있지만, 데비안츠와 대결할 때 그 힘이 눈에 보이는 그것을 넘어서는 것 같아 보이진 않아서다. 결국, 감독은 이들이 앞의 마블 스튜디오 히어로와 이어지는 비교의 영역을 만들기보다, 독자적인 시각에서 이들 히어로를 새롭게 해석하고 이들이 가진 능력이 중요한 게 아닌, 그들이 왜 지구를 지켜야 하고, 인간이 어떤 의미에서 존재해야 하는지를 더욱 강조하고자 한 것으로 생각된다. 영화 〈노매드랜드〉에서 펀은 딱 한 번 화를 내는 모습을 보이는데, 오랫동안 아끼던 접시가 깨졌을 때가 바로 그때다. 그 순간 그녀는 모든 건 영원할 수 없고 깨진 조각은 다시 붙여도 자국이 남게 된다는 사실을 이해한다.

이 작품 속에서 깨진 조각으로 대변되는 건, 군주인 셀레스티얼을 향한 충성심이 깨졌을 때다. 어떤 면에서 이는 서두에서 언급한 진실과 거짓의 경계에 서게 되는 중요한 기제로 영화 속에서 작용하고, 오랜 세월 동안 믿어왔던 자신들의 존재 이유를 뒤집어버리는, 곧 진실이 거짓이 되어버리는 순간으로 받아들여진다. 결국, 클로이 자오 감독은 이 장면을 통해 우리가 알고 있는 진실이 무엇인지, 그저 눈으로 보고 귀로 듣고 오랜 세월 동안 믿음을 갖고 이를 유지했을 때, 이것이 우리가 말하는 진실이자 살아가는 목적이 되는지에 대한 질문을 관객에게 던지고 있는 것이다. 여기서 이는 곧 우리가 살아가고 만드는 하나의 역사(歷史)에 대한 정의로 이해되고, 그 역사는 지긋하게 반복되며 그 질문을 우리 자신에게 계속해서 던지고 있다고 생각된다. 그런데도 이 영화 〈이터널스〉는 이와 같은 진실에 대한 믿음이 단순히 옳고 그름만을 말하는 게 아니라고 명확하게 구분할 줄 안다. 이카리스(리차드 매든 분)와 스프라이트(리아 맥휴 분)가 셀레스티얼에 대한 충성으로 동료들을 배신하고, 남은 이들이 배신당하면서까지 지구를 지키려고 노력하는 행위가 어느 쪽 하나라도 치우침이 없는 건 이 때문이다. 바로 인간이 살아야 할 이유, 지구에 도움이 되는 존재로서 이에 대한 답변을 끊임없이 자신에게 되묻고 이를 되새기며 지구가 어떤 공간으로 존재해야 하는지에 대한 메시지를 감독은 이러한 방식으로 반복해서 던지고 있다 하겠다.

영화 〈이터널스〉는 분명 지금까지의 마블 스튜디오 스타일과는 확연히 다른 색깔을 보여준 작품이다. 당연히 그녀 또한 이전의 흥행을 이어갈 수 없을 거라고 예견하고 있었는지도 모르겠다. 하지만 이를 알면서도 자신의 방식을 고수하고 말하고자 한 바를 강하게 담아낸 건, 영화 〈로건〉(2017)에서 잠시 표현됐던, 히어로가 가진 숙명, 바꿔 말하면 인간이 어떤 존재로 살아가야 하는지에 대한 깊은 고찰이 필요한 시기라는 점을 우리 스스로 받아들여야 할 때가 왔기 때문이다. 영화 〈이터널스〉는 화려한 액션을 기대했다면 다소 실망스럽지만, 인간 내면의 구체적이고 파생적인 의미를 되찾기에는 충분히 의미가 있는 작품이 아닐까 싶다. 지쳐버린 자신을 향한 삶의 갈구가 필요할 때 이와 같은 메시지는 분명 커다란 울림을 던지게 되는 듯하다.

대비(對比)가 강조하는 부담스러운 시선

프렌치 디스패치

The French Dispatch, 2021

때로는 영화가 많은 걸 이야기하고 있다고 느낄 때가 있다. 아무래도 두 시간 남짓의 러닝 타임에 많은 걸 담아내려면 어쩌면 욕심이 될 수도 혹은 관객의 부담을 한꺼번에 밀어 넣는 요소가 되기도 해서다. 그러니 보는 이의 입장에서 이는 지극히 쉽고 간결해야 하며 머릿속에 담기에 어지럽지 않아야 한다. 간혹, 옴니버스 형식의 이야기가 제각기 따로 놀거나 이해하기에 어렵게 생각될 때가 있는데, 그런데도 그 독립된 짧은 이야기들이 하나의 주제를 공유하는 과정을 따라가다 보면 가끔 무릎을 치곤 한다. 웨스 앤더슨 감독의 영화 〈프렌치 디스패치〉(2021)는 이처럼 사회에 놓인 경계와 이를 구분하는 시선, 그리고 이에 대한 해석을 특유의 표현 방식으로 다양하게 풀어내고 있는 작품이다. 이 때문에 하나의 새로운 장르를 창조하고 있다고 해도 과언이 아닌 듯하다. 프랑스 앙뉘에 소재한 잡지사 '프렌치 디스패치'는 어느 날 편집장이 갑자기 심장마비로 사망하게 되면서 잡지의 폐간을 눈앞에 두게 된다. 이를 기점으로 영화는 마지막 발행본에 실릴 3가지 이야기를 옴니버스 방식을 이용해 관객에게 전달한다. 장면마다 반복해서 강조하는 '왜'라는 질문에 대한 답변을 특유의 연출로 집요하게 피하고 있는 건, 영화를 보는 재미를 더해주는 치트키로 볼 수 있겠다.

영화는 단순히 각각의 소재를 '디스패치'라는 용어가 의미하는 해석에 알맞게 재미를 더해 꾸며내지 않고, 우리가 접하기에 새로운 형태의 '프렌치식' 이야기로 감독의 스타일에 맞게 구성하고 있다. 미장센의 대가답게 몇몇 신들을 제외하고는 대부분 평면과 입체, 칼라와 흑백 등 다양한 요소를 화려하게 구사했고, 신scene마다 자신의 메시지를 잘 포장해서 집어넣고 있음을 쉽게 찾아볼 수 있다. 세 개의 에피소드는 각각 떨어져 있지만, 화면 속에 담아내는 주제는 차갑고 때로는 따뜻하며 구체적인 형태를 추상적으로 잘 풀어낼 줄 안다. 이 때문에 이 영화는 '가까이'에서보다 조금 '떨어져서' 보는 걸 추천한다. 칼라와 흑백의 조화가 시선을 번갈아 가득 채우는 장면 전환은 확실히 감독의 의도가 확연히 드러나는 마법을 부리고 있어서다. 화면에 번지는 자신의 색채가 어떤 특별한 메시지와 이유가 아닌, 글로 말하자면, 보다 '강조'하기 위한 도구로 사용되는 것처럼 보이기도 하는 이유다. 웨스 앤더슨 감독은 자신의 작품에 철저하게 자신만의 미장센을 강조한다. 첫 시퀀스에서 보였던 '자전거'라든가, 이윽고 이어지는 그림 '벌거벗은 시몬' 또한 이러한 내용을 잘 담아내는 도구로 나타난다. 한 도시의 과거와 현재를 이처럼 구체적이고 사실적으로, 여기에 한 바가지의 치부를 드러내는 언어를 마구 쏟아붓는 것. 편집장이 빼거나 수정하자고 권유해도 이를 과감히 거부하는 것. 이를 읽어내는 수단을 오토바이나 자동차가 아닌 자전거로 드러낸 것도 이에 해당한다.

모세(베니시오 델 토로 분)의 그림은 추상적이지만, 사람들은 그 속에서 실체를 읽어내고자 노력한다. 그가 살인을 저지르고 교도소에 갇힌 이유의 내면보다도 오직 그의 작품만의 겉면에만 치중하는 모습이다. 물론 그와 시몬은 서로 사랑했고 그녀를 모델로 만들어낸 작품에는 그가 세상에 미처 벗겨내지 못한 욕망과 반성이 고스란히 포함되어 있다. 그렇기 때문에 감독은 유독 작품을 읽어내는 여러 장면에서 화면의 색을 수차례 반전시킨다. 카다지오(애드리언 브로디 분)가 그를 성공의 길로 이끌고자 애쓰는 자신의 욕구보다 그의 실패욕을 인정한 것도 이와 같은 의미일 것이다. 오랜 전시 준비 끝에 프레스코 벽화로 완성한 모세의 작품은 완벽할 정도로 아름답지만, 이곳을 방문한 이들의 소유욕을 완전히 채우진 못한다. 눈으로 볼 때 즐겁고 행복하지만 자신이 돈을 주고 구매하고 가져갈 수 없는 이 아이러니한 작품의 의미는 색다르게 받아들여질 여지를 남긴다. 원래 '프레스코'는 벽화를 그릴 때 그리는 화법 중 하나로, 물감이 벽에 스며드는 통에 벽과 일체가 되어 벽의 수명에 따라 그림 또한 변화하는 특징이 있다. 한편으로 그림이 사람처럼 함께 나이를 먹어

가며 성장하고 노쇠해 가는 그것을 따르지만, 또 다른 면에서 '프레스코'라는 단어 자체가 '신선하다'는 의미의 이탈리아어를 뜻해, 모세의 그림이 표현 방식에서 한 단계 진화했음을 드러내는 장면으로도 작용한다.

감독은 평면적 시선을 무척 강조하는 인물이기 때문에, 영화 속에서 각각의 인물이 가진 감정을 쉽게 읽어내는 건 쉬운 게 아니다. 인물과 인물 간 대화를 이뤄내는 장면에서도, 화자와 청자를 함께 입체적으로 담아내는 법은 쉽게 찾기 힘들다. 이는 직설적 혹은 사실적으로 서사를 풀어내는 그의 독특한 표현력에 해당하기도 하고, 덕분에 그가 앞서 언급한 색채의 영역을 포함한 미장센에 더욱 치중하는 이유가 되기도 한다. 물론 관객의 입장에서는 애써 인물의 시선과 동선을 크게 신경 쓰지 않더라도 이야기 구조를 어렵지 않게 따라갈 수 있는 장점이 되고 말이다. 두 번째 에피소드는 이러한 이유로 각각의 요소가 대비되는 선(線)을 찾는 게 그리 어렵지 않다. 유색과 무색, 이성과 감성의 대비를 차근히 풀어왔다면, 여기서는 장년층과 청년층의 대립을 통해 계층 간에 주어진 시각의 차이를 강하게 얘기하고 있기 때문이다. 이런 시각으로 접근한다면, 여기서 말하고자 하는 이 두 집단의 개성과 연륜은 단순히 우리 시대에서 표현되는 속칭 MZ세대와 꼰대 사이의 불통을 주장하고 있는 것처럼 보인다. 하지만 웨스 앤더슨 감독은 오히려 그 가운데에 놓인 중립적 위치, 크레멘츠(프란시스 맥도맨드 분)의 시선과 역할에 주목한다. 지극히 언론의 중립을 지키고자 한다는 그녀의 말은 미치미치(모하메드 벨하드진 분)의 남성의 군 의무복무에 대한 시적 해석을 표현한 연극을 통해 잘 나타난다. 모리조(알렉스 로더 분)가 창문을 열고 5층에서 뛰어내렸을 때, 미치미치의 목소리는 깊은 메아리를 남기며 보는 이들로 하여금 이를 되새기게 만든다. 반복되는 목소리 "아직도 안 움직여.", 이 말은 그가 죽었다는 걸 의미하기도, 또 부조리한 사회 속에서 사대주의 정부와 관료주의의 매수 등에 아무도 항거하지 않고 있음을 강조하기도 한다는 이유에서다.

창문에서 뛰어내린 모리조가 이전에 뭐가 되고 싶냐는 질문에 앞서 "항거자."라고 답한 것도 이와 부합하는 부분이고 말이다. 두 번째 에피소드의 초반부터 줄리엣(리나 코우드리 분)은 줄곧 헬멧을 쓰고 있다. 웨스 앤더슨 감독은 제피랠리(티모시 샬라메 분)와 대비되는 그녀를 십대를 대표하는 반항기 그대로의 모습으로 그려내고자 그녀에게 하나의 표상으로 '헬멧'을 씌워줬다. 여기에는 헬멧이 그녀의 안전을 보장하듯 십대의 정체성, 존엄성, 권리 등이 사회 속에서 똑같이 보장받아야 한다는 의미 또한 포함한다. 제피랠리가 선언문을 읽는 순간 고장이 난 전파탑을 수리하기 위해 그가 꼭대기로 올라갔을 때, 결국 그는 유명을 달리하고 만다. 꼭대기에서 담배를 피우는 그의 모습이 흑백에서 칼라로 뒤바뀌는 부분은 앞에서 말한 의미를 그대로 이어가는 모습이다. 이상이 현실로 바뀌는 그것, 장면의 전환만이 목적이 아닌 눈에 보이는 것과 그들이 좇고 있는 그것의 차이가 명확하게 나뉘는 걸 스스로 증명하고 있는 셈이다. 여기서 크레멘츠로 대표되는 언론은 확실히 중립적이다. 그럴 수밖에 없는 것이, 결국 제피랠리의 죽음은 한편으로 하나의 파시즘으로 둔갑하여 정치적 이데올로기의 전형적인 형태를 뒤따르는 듯 보이고, 언론은 이를 실어 나르는 선전 활동의 방식을 그대로 이어받고 있기 때문이다. 결국 그녀는 학생들의 순수한 청년 의식이 그들의 비판 대상이었던 전체주의와 사대주의 등을 그대로 뒤따르는 모습을 있는 그대로 주시하고 이를 옮겨 담는다.

마지막 에피소드가 주목받는 건 바로 이런 점 때문일지도 모른다. 무에 들어간 맹독성 소금에 풍미가 있었다고 말하는, 일명 '위대한 셰프' 네스카피에(스티브 박 분)의 모습은 이 영화가 드러내는 메시지의 하이라이트라고 할 수 있다. 난생처음 맛본 풍미, 그 쓰고 꿉꿉하고 알싸한 뭔가에 대해 그가 바로 자신의 나이에 느껴보지 못했던 아주 드문 일이라고 말하는 장면 말이다. 어쩌면 그건 자신을 '용기'의 영역에 들이밀게 만든 새로운 요소이자 원천적인 힘이라고 할 수 있겠다. 자신이 외국인이기 때문에 이들을 실망시키기 싫었으며 외국인은 끊임없이 빠뜨린 뭔가를 찾아 헤매고 두고 온 뭔가를 그리워한다고 말하는 지점은, 계속해서 외면받는 그들에게 전하는 또 다른 사회적 메시지의 형태를 만드는 듯하다. 바로 이 때문에 방송 토크쇼에서 로벅 라이트(제프리 라이트 분)가 유독

모리조(알렉스 로더 분)가 창문을 열고 5층에서 뛰어내렸을 때, 미치미치의 목소리는 깊은 메아리를 남기며 보는 이들로 하여금 이를 되새기게 만든다. 반복되는 목소리 "아직도 안 움직여.", 이 말은 그가 죽었다는 걸 의미하기도, 또 부조리한 사회 속에서 사대주의 정부와 관료주의의 매수 등에 아무도 항거하지 않고 있음을 강조하기도 한다는 이유에서다.

'왜'라는 질문을 삼가야 한다고 얘기했던 거다. 이방인에 대한 사회의 날카롭고 차가운 시선, 즉 이유가 필요치 않은 바로 그것으로 대표되는 부분이 아닐까 하는 생각이다. 이 작품은 웨스 앤더슨 감독 자신이 그동안 일궈온 자신의 배우 사단 자체를 통째로 끌고 와 만들어 낸, 하나의 예술의 영역을 차지한 작품이다. 여기서 말하는 예술의 영역은 단지 사회와 동떨어진 그들만의 가려진 영역이 아닌, 예술과 현실의 경계, 사회와 순수의 시선, 사건을 음식으로 미화해 성숙한 시대의 용기를 표현하는 것에 이르기까지, 영화 속에서 다양한 형태로 표출된다. 어쩌면 이 작품은 쉽게 이해하기 힘들어도 시간이 흘러 어느 시기에 이르게 되면 언제나 그랬듯이 익숙하게 받아들일 수 있는, 그런 잘 익어가고 있는 이야기를 꺼내고 있는 게 아니었을까.

그의 이름을 불러 주기 전에는

너의 이름은 your name, 2016

'내가 그의 이름을 불러 주기 전에는 그는 다만 하나의 몸짓에 지나지 않았다.' 개인적으로 외우고 있는 몇 안 되는 '시' 중 김춘수 시인의 '꽃'의 한 구절이다. 누구나 한 번쯤 들어봤거나 기억하고 있을 이 문장이 뇌리에 깊숙이 박혀 있는 데에는, 한 사람을 정의할 수 있는 '이름'이라는 또 다른 매개체가 존재하고 있어서다. 그건 누군가에게는 아무렇지 않게 지칭되는 하나의 호명에 불과하고, 또 다른 이에게는 그 사람의 인생에 색깔을 덧씌우는 하나의 행위로서 작용하게 된다. 영화 〈랑종〉(2021)은 자신에게 주어진 랑종(무당)으로서의 삶을 받아들이느냐, 그렇지 않으냐를 두고 무게를 저울질하는 이야기를 담았다. 사실 이러한 운명론적 개념의 비교 그 자체가 한 사람의 삶을 오롯이 표현하는 데에 무리가 있다는 걸 생각해본다면, 똑같거나 혹은 비슷한 운명을 가졌을지라도 사람에 따라 제각기 또 다른 색깔의 인생이 묻어나오지 않을까 싶다.

신카이 마코토 감독의 애니메이션 〈너의 이름은〉(2017)을 두고 가까운 지인은 감성적인 측면에 의미를 덧씌웠더랬다. 도쿄에 사는 타키(카미키 류노스케 분)와 시골에 사는 미츠하(미야미즈 미츠하 분) 사이의 우연한 시차의 교감을 그린 이 애니메이션은 의외로 여러 개의 시퀀스를 나눠 그 가운데에서도 신scene 별로 다양한 기제를 담아낸 자국이 역력한 작품이다. 이를테면, 애니의 시작을 알리는 타키와 미츠하 사이에 신체가 뒤바뀌는 변화는 단순히 그들이 꾸게 되는 '꿈'을 넘어, 도시와 시골, 남성과 여성, 꿈과 방향에 대한 다채로운 대비를 만들어 이러한 변화 자체에 나름의 의미를 더한다는 것도 그렇다. 사실, 신체가 뒤바뀌는 스토리는 오랫동안 많은 영화를 통해 여러 차례 사용된 익숙한 소재임에도 불구하고, 이러한 행위가 어떤 목적과 이유로 이뤄졌느냐에 따라 그 이야기를 갖가지 사건으로 파생시킬 줄 안다. 〈너의 이름은〉에서 제기되는 첫 번째 사건은 천년 만에 그들 앞에 다가오는 '혜성'의 존재다. 그 혜성은 미츠하가 사는 지역에 떨어지게 되면서 미츠하를 비롯한 많은 이들을 죽음으로 몰고 가는데, 이로 인해 타키와 미츠하, 두 사람의 시간대가 서로 엇갈려 있음을 화면은 서투른 시선으로 표현한다.

여기서 또 하나의 파생적인 이야기가 선보인다. 엇갈린 시간대를 두고 잘못된 과거를 수정하고자 시도하는 현재의 노력을 그린 이야기 또한, 이미 충분히 익숙한 영화 〈동감〉(2000), 〈더폰〉(2015) 등을 통해 수없이 많이 접한 내러티브의 영역이기 때문이다. 그런데도 여기에서는 그 목적과 이유가 엇갈린 시간대를 그저 바로잡고자 하는 단순한 사건의 회기적(回期的) 요소에 치우치는 게 아닌 각자의 요소를 대비하는 과거와 현재, 시골과 도시, 아이와 어른 등의 '시선'을 빗대는 작용을 시도하고 있다는 점에 주목할 필요가 있다. 여기서 우리는 이를 기반으로 하나의 포인트를 잡아낼 수 있다. 지금까지 열거한 다양한 개체들, 과거와 현재로 비추어지는 변화, 시골과 도시로 대비되는 비교, 아이와 어른으로 이어지는 성장 과정 등은 결국 원활하게 이어지지 못하는 신구(新舊)의 연결고리를 그 틈에서 찾고자 하는 노력으로 결론지어진다는 사실이다.

여기에 두 번째 사건이 옛것을 바라보는 젊은 세대의 시선으로 나타나는 점 또한 주목할만하다. 미츠하의 아버지를 비롯해 아무리 얘기를 해도 아이들의 경고를 귀담아 듣지 않는 마을 주민들의 냉대는 오랜 관습에 묶여 있는 구세대의 시선을 겨냥한다. 하지만 해묵은 시선조차 되돌리려는 그들의 노력, 그리고 그 가운데에 신세대로서의 그들이 어떠한 역할을 해야 할지를 분명하게 제시하는 것 또한 감독이 지향하는 하나의 메시지가 아닐까 싶다. 그중에서도 미츠하는 오랫동안 지켜온 신사(神祠)를 유지하는 집안의 전통을 외면하지 않고, 그 전통과의 연결 고리를 유지하려는 하나의 표상으로 표현되는데, 그녀가 자신의 입을 거쳐 만든 술을 타키가 마시는 것으로 이어지는 행위는 전통과 현대가 동시에 추구하는 새로운 형태의 소통으로 이해될 수 있겠다. 여기까지만 본다면, 이 작품 〈너의 이름은〉은 구세대와 신세대의 자연스러운 연결을 통해 한 세대가 이어 온 전통을 현세대에 고스란히 심어 놓는 지향점을 주장하는 작품으로 해석된다. 그렇다면 그들 타키와 미츠하가 처음부터 강하게 외치고 있었던 서로의 '이름'은 어떤 의미로 받아들일 수 있을까? 그리고 서로가 그토록 갈망했던 변화의 뒤에서 그들은 어떻게 서로를 잊어버리고 현재의 삶에 빠져 살아가게 되는 것일까?

개인적으로 이를 앞에서 언급한 김춘수 시인의 '꽃'의 한 구절처럼, '이름' 그 자체보다 그 이름을 부르는 '행위'에서 해답을 찾고자 한다. 과거와 현재의 소통이 단절되고 있음을 극명하게 드러내는 현 세태를 풍자하기에 이르러 무엇보다 중요한 건, 서로를 정의하고 이해하는 행위의 시작이다. 다시 말해, 사회의 연결과 소통의 경계는 서로가 서로를 인정하고 받아들이는 그 순간부터 올바른 이해로 이어진다는 거다. 흔히 말하는 '라떼는 말이야'로 치부되는 꼰대와 MZ세대의 영역에 있어서, 서로를 인정하고 이해하고 또 그 위치와 역할을 재정의하지 않는 이상, 어떠한 형식의 소통도 큰 의미를 두지 못한다는 생각에서다. 신카이 마코토 감독은 이를 서로의 이름을 부르는 '행위'에서 해답을 찾고 있는 것처럼 보인다. 결국, 타키와 미츠하는 제각기 신세대와 구세대 그 자체를 지칭하는 건 아닐지라도, 적어도 두 캐릭터가 대표하는 하나의 이미지만큼은 서로를 부르고 기억하는 행위로서의 '이름'이 서로를 이어주는 연결선으로 작용하고 있음을 의미한다고 볼 수 있다.

이러한 행위 그 자체가 어쩌면 우리가 지향하는 미래를 표현하고 희망의 의미를 담아내고 있는 게 아닐까. 한 청춘의 서로에 대한 감정을 아름답게 그려내고 있기 이전에, 애니메이션 〈너의 이름은〉은 화면 그대로의 아름다움도 그렇지만 무엇보다 두 캐릭터가 펼치는 교감, 즉 서로를 대하는 시선과 지향점이 또 다른 재미로 다가오는 작품이라 생각된다. 여기에 지금까지 언급한 다양한 의미의 색깔이 더해져 감독이 던지는 메시지를 더욱 다채롭게 받아들일 수 있다는 점에, 작품의 장점이 더욱 선명하게 드러나고 있다는 생각이다. 누군가에게 이름이 주어지고 그 이름을 부른다는 건 상대를 인정하고 나와의 교감을 시도하는 것과 같다. 그 행위에 또 하나의 색깔을 더할 수 있다면, 그건 바로 서로가 주고받는 교감을 넘어 '너'와 '나'의 관계를 새롭게 형성하는 것이 아닐까. 그 관계를 개인의 삶은 물론 사회적인 영역의 그것으로 발전시킬 수 있다면, 우리는 진정 꿈꾸고 희망하는 미래를 개척할 수 있을 것이다. 어쩌면 이 모든 건 머지않은 미래에 형성될 새로운 삶의 영역에 포함되는 건 아닐는지.

솔직함의 경계를 들여다보면

더 테이블 The Table, 2016

어느새 마스크가 사람들의 감정을 움츠러들게 만든다. 단지 얼굴의 반 정도를 가렸을 뿐인데도 그 어색함은 눈빛 사이에서도 쉽게 묻어나온다. 표정을 가렸다 하지만 감정까지 숨길 수는 없다. 격렬하게 흔들리는 시선 사이로 가볍게 새어 나오는 숨소리조차 순간의 색깔이 담겼다. 미세먼지의 공포가 유행할 적에도 마스크는 내겐 사치였다. 유독 거친 모양새가 마치 나를 사람들로부터 숨기는 것만 같았기 때문이다. 드러낼 게 없는데 가릴 건 무언가 싶어 자신을 덮어씌우고 있는 거짓을 그저 벗겨내고 싶은 기분이었던 것 같다. 한때 유행한 바이러스의 공포는 그런 이유로 여전히 내게 아무런 영향을 주지 못했다. 메르스 바이러스는 가까운 아파트 한 동이 폐쇄되고 중소 규모의 종합병원 하나를 폐업하게 했을지언정, 내 걸음을 여전하게 만들었다. 당시에 수강했던 스포츠센터의 수영 강좌는 약 20여 명의 수강생을 순식간에 잃었고 나를 포함해 불과 5명만이 남았다. 물안경을 쓰고 어색하게 레인에 들어선 우리를 보고 강사분은 정말 대단한 분들이라며 엄지를 추켜세우기도 했다. 하지만 속으로는 욕이 터져 나오진 않았을까.

영화가 개봉한 2016년은 마스크가 익숙지 않을 때다. 영화 〈더 테이블〉(2016)은 시작부터 이처럼 마스크와 선글라스로 자신의 얼굴과 그 표정을 어설프게나마 감춘다. 유진(정유미 분)의 역할이 연예인임을 이해했을 때 관객에게 밀려드는 건 제 자리에 맞지 않는 분위기다. 카페 안 오가는 대화를 담아내는 테이블 위에는 하얀빛의 미니 델피늄이 놓여 있다. 이 꽃은 '순수함'과 '맑음'을 상징하는데, 카메라가 이 꽃을 바라보고 있는 건 바로 '솔직함' 때문이다. 영화 속에서 이 '솔직함'이란 단어는 눈에 잘 보이지 않지만 그들의 대화 속에 묻어나오는 묘한 기제로 형상을 드러낸다. 이 꽃과 테이블을 가운데 두고 오랜만에 만나게 된 옛 연인들, 혹은 어떤 방식으로든 인연을 맺게 된 이들. 이들의 이야기를 담백하게 담아내는 건 모든 행위가 솔직함의 경계를 머금고 있는 꽃과 이 꽃이 놓인 테이블 위에서 이뤄지기 때문이다. 김종관 감독은 카메라를 참 잘 활용하는 편이다. 테이블을 위에서 아래로 낮추어 시선을 내리꽂는 구도는 평등하고 균등한 평면의 시선과는 좀 다르다. 그는 오히려 그녀의 시선을 읽어내려는 듯한 줌(Zoom)과 틸트(Tilt), 또는 패닝(Panning)마저도 다시 건드려 까다롭게 감정의 이동을 서두른다. 여기에 두 사람이 나누는 대화는 오랫동안 정적인 화면을 깨뜨리는 듯 다짜고짜 빠르게 오가는데, 이는 테이블이 만들어낸 그들 사이의 감정을 관객이 채 읽어내기도 전이다.

이처럼 화면은 옛 연인, 혹은 어떤 사유로 만나게 된 이들이 서로를 마주하고 나누는 추억과 서로의 시각에서 그냥 흘려버릴 수도 있는 감정을 오롯이 지탱하는 모양새를 취한다. 서로에 대한 아련한 미련과 여전한 실망 속에서 유진은 창석(정준원 분)으로부터 무엇을 기대했고 그는 어떤 마음으로 그녀를 대하고 있었을까? 그 미세한 감정의 교환을 알아채는 건 서로의 시선이 교차하는 솔직함에서 드러난다. 이와 같은 전개는 경진(정은채 분)과 민호(전성우 분)의 대화에서도 여전히 이어지는데, 다만 앞 커플과는 달리 이들의 대화는 좀 더 조심스럽다. 이들은 마스크도 없고 그녀의 뒤에 숨어 흘깃대는 직장 동료도 없기 때문이다. 오히려 서로의 속내를 솔직하게 뱉어내며 서로의 옷자락을 끌어당기고 있을 뿐이다. 경진은 민호를 많이 만나지 못했지만, 그에 대한 아쉬움을 남겨두고 있었고, 민호 또한 혼자만의 여행 속에서도 그 여정의 끝에 항상 그녀를 그리워하고 있었다. 온갖 기념품을 끄집어내는 그의 멋쩍음은 그녀의 서운함을 가라앉히고 입가에 웃음을 번지게 만드는 계기를 만들어낸다. 그가 두고 간 손목시계에서 이어진 두 사람 사이의 모호함이 떨어져 지낸 시간과 대칭 구조를 형성하며 이와 동시에 이를 이어주는 유용한 아이템으로 작용하는 순간이다.

은희(한예리 분)와 숙희(김혜옥 분), 운철(연우진 분)과 혜경(임수정 분)의 이야기에서도 감독이 말하고자 하는 키워드를 이해하는 건 그리 어렵지 않다. 결국, 테이블 위에 놓인 그들의 대화는 '솔직함'의 경계를 통해 그들 사이의 관계를 계속해서 이어 나간다. 대화의 주제가 하나씩 하나씩 서로에게 옮겨가는 과정에서 카메라 시선이 에피소드별로 차이를 두고 있음은, 이들 시선으로부터 읽어낼 수 있는 차이점을 표현하고 싶어서가 아닐까 싶다. 얇은 어깨너머로 상반된 시선을 표출하면서 속내를 털어놓는 이와 이를 경청하는 이의 반응을 은근슬쩍 훔쳤다면, 중반을 넘어서면서는 오히려 사선에 시선을 두면서 대상의 흔들림을 담아내려 애쓰는 모습이다. 일반적인 화면은 흔히 뒤를 열어두지 않는 경향이 많은데, 이 작품은 이를 넘어 상대의 좌우 위치를 자주 바꾸는 등 시선의 배분에 많은 신경을 쓴다. 여기서 말하는 화면의 시선 배분은 인물의 심정을 날카롭게 대변한다. 바람을 강요하는 혜경과 흔들리는 감정의 운철은 제시하는 쪽과 흔들리는 방향의 감정이 심하게 부딪쳐 강한 회오리를 형성한다는 점에서 마치 억지스러운 시선을 욱여넣는 모양새를 담아내는 듯하다.

하지만 이러한 상황에서도 카페 안 테이블은 여전히 위에서 아래로 시선을 계속해서 균등하게 배분하는데, 이어지는 평면의 단순함과 이를 넘어선 치우침 없는 갈등이 테이블 위에 놓인 이들의 대화를 가장 깔끔하고 거름 없이 수용하는 것만 같다. 결국, 영화는 앞에서부터 줄곧 언급한 '솔직함'을 테이블 위에 가장 '솔직하게' 올려놓고, 그들의 이야기와 속마음을 마치 거울처럼 비교한다. 빗소리를 배경으로 앞의 이야기를 깨끗하게 씻어낸 후 유리창에 비친 마지막 커플의 모습은, 이내 밤을 맞아 바깥을 쉬이 내주지 않는 모습이다. 서로에게 털어놓은 이야기는 전혀 솔직하지 못했지만, 솔직해지고 싶어 했던 그들의 마음을 마지막으로 강조한다. 김종관 감독은 적절하게 나뉜 시선의 배분을 통해 인물이 가진 감정의 동선을 가장 아름답게 그려냈다. 결코, 쉽게 내어 보이지 않는 그들만의 이야기에 자신의 색깔을 덧칠하는 건 더없이 놀랍다. 그 이야기가 우리 삶의 솔직한 페이지를 여지없이 넘겨주어 보는 이로 하여금, 영화의 재미를 더한다는 데 이견이 없을 것만 같다.

마지막까지 하고 싶었던 세수

위대한 소원 THE LAST RIDE, 2016

누구나 죽음을 생각하고 살지만, 누구나 죽음을 꺼리는 게 살아있는 인간으로서 당연하겠다. 이의 순간을 자연스레 받아들인다고 해도, 단순히 내뱉는 말을 넘어 행동으로까지 이어지는 건 쉬운 일이 아니다. 당연히 우리가 모두 죽음을 받아들이는 이유조차 모르니까 말이다. 종교적 측면에서 이를 달리 해석하는 예도 다양한데, 죽음에 대한 고찰이 있으면 삶에 대한 고찰도 있다는 생각이다. 사람이 태어나서 인생을 사는 건 다 이유가 있는 거고, 생명은 크고 작고에 상관없이 누구에게나 소중하다. 이 때문에 삶의 무게를 이야기하는 영화는 참 많지만 이를 절대 가볍지 않은 주제로 다룰 수밖에 없기에, 쉽게 꺼내 들기엔 엄두조차 내기 어렵다. 그토록 강인했던 필자의 아버지는 병상에 누워 내 손을 꼭 쥐고는 목숨에 대한 욕구를 강하게 내비쳤더랬다. 벌써 십수 년도 지난 일이지만 당시의 순간을 결코 잊을 수 없는 건, 한 개인에게 있어 삶이란 이토록 중요하다는 사실을 깨닫게 만들었던 사건이기 때문이었다.

영화 〈위대한 소원〉(2016)은 이처럼 '삶'과 '죽음'을 바라보는 시선을 새로운 영화적 시각으로 해석한 작품이다. 실로 배꼽을 쥐고 방바닥을 떼구루루 구를 정도로 웃음 코드를 가득히 머금고 있지만, 영화가 말하는 죽음을 대하는 시선은 그 웃음만큼이나 절대 가볍지만은 않다. 이는 '죽음'을 두고 '떠나는 자'의 시선이 아닌 '남겨진 자'의 시선까지도 챙겨두는 세심한 배려가 돋보인다는 점 때문이다. 이러한 연출은 클로이 모레츠 주연, R.J.커틀러 감독의 2014년 작 영화 〈이프 아이 스테이〉(2014)에서도 비슷하게 나타난다. 시작부터 일찌감치 주인공을 죽음의 경계로 몰아넣고 살아남은 자들의 슬픔과 그들과의 추억에 대한 그리움, 그리고 미처 다하지 못한 메시지와 외로운 뒷모습 등까지 꼼꼼하게 들춰보는 부분이 영화의 색깔을 또 다른 시선으로 채색하는 지점이 된다는 점에서다.

영화 〈위대한 소원〉도 이와 유사한 구성을 갖추고 있다. 코믹 요소를 군데군데 진하게 집어넣어 이러한 부분들이 사소한 시선으로 치부될지라도, 남대중 감독은 삶의 치열한 무게 앞에서 젊은 청년들의 때 묻지 않은 시선을 강조하고자 했다. 여기에 그들의 우정과 사회를 바라보는 존중의 무게까지도 함께 말이다. 영화 속에서 성(性)을 대하는 갈구는 이러한 시각을 대변하는 매개체로 작용한다. 죽음을 앞두고 온몸이 마비되는 시점에서 이를 덤덤히 받아들이고 아직 다하지 못한 성(性)에 대한 욕망을 보이는 건, 사실 알고 보면 전혀 부끄러운 일이 아니다. 누구나 목숨 앞에서 평등하듯이 누구나 성(性) 앞에서 평등할 수 있지 않은가. 고환(류덕환 분)은 순수한 욕망으로 마지막 순간을 앞두고 고귀한 생명 앞에 당당히 외친다. 그리고 친구 남준(김동영 분)과 갑덕(안재홍 분)은 친구의 위대한 소원을 고결하게 받아들이고 존중하는 모습을 보인다.

그의 마지막 소원을 두고 이의 해결을 위해 하루하루 고군분투하는 그들의 모습을 보면서, 영화를 바라보는 관객 누구도 이를 함부로 말할 수 없을 테다. 영화는 고환이 자신의 소원을 입 밖에 끄집어내는 그 순간부터 이를 대하는 친구들의 시선과 어른들의 시선으로 경계를 구분해 표현하는 방식을 택한다. 그리고 우정으로서 같은 눈높이를 맞추고자 노력하는 친구들의 우여곡절과 성(性)을 이해하고 인지하는 어른, 즉 그의 아버지(전노민 분)와 담임 선생님의 시선 등 범위를 넓혀 해석하고자 하는 부분까지도 각자의 입장과 역할에서의 경계를 나눠 관객들에게 이 부담감을 입체적으로 전달하려 노력하는 모습이다. 결국, 삶의 단면을 읽어내는 순간에서도 인간으로서의 지향점은 어느 것 하나 차이 없이 죽음 앞에서 이전과 다른 시선으로 해석할 수 있음에 고환의 시선에 하나의 정당성을 부여하는 부분이라고 볼 수 있다.

아직 살아남은 이들이 전혀 이해하지 못할 어처구니없는 소원도 결국은 존중받아야 마땅할 인간으로서의 그리고 어른으로서의 하나의 바람이 되어버렸다. 고환은 처음부터 아버지와 끝없이 소통하고자 노력했다. 하지만 어른과의 소통은 언제나 그렇듯 쉽게 풀어지지 않는 꽁꽁 싸매진 묶음과도 같았다. 친구들을 통해 전달된 그의 속내는 결국 그들조차 쉽게 받아들이기 힘든 막막함으로 하늘을 찌르는 듯한 모습이다. 이 과정에서 그들이 친구의 소원을 존중하고 이에 대한 함구를 통해 인내를 선택하는 모습에서, 그리고 자식을 바라보고 이해하는 남자로서의 아버지의 함구조차 각기 다른 계층에서의 시각과 해석이 하나의 선상에 모여지고 귀결되는 부분으로 작용하는 순간이다.

남대중 감독은 이러한 연출을 통해 제각기 다른 시선에서 보이는 문제의 그 '소원'에 대한 존중이 그들 사이에 어렵지 않게 일치할 수 있음을 얘기한다. 중간중간 집어넣은 웃음 코드는 그야말로 최고다. 심심할 때 이어지는 단순한 분위기 맞춤식의 역할이 아닌 신scene과 신 사이의 공간을 매끄럽게 이어주는 쉴 새 없는 초반부는 마치 영화 〈극한직업〉(2018)의 그것을 연상케 한다. 이병헌 감독이 이 작품에 카메오 출연을 한 것도 우연의 일치는 아닌 듯싶다. 적어도 관객이 무엇을 원하고 언제 가슴을 움켜쥐는지를 제대로 알고 있기 때문이다. 결국, 이 작품은 자신이 얘기하고자 하는 이야기를 눈에 보이는 그대로 표현하면서도 단 하나의 메시지만을 향해 우직하게 달려가는 모습을 보인다고 하겠다.

틈틈이 강조된 웃음은 고환의 병과 죽음을 화면으로부터 멀찍이 밀어놓았지만, 혹시나 했던 그의 죽음은 역시나 영화의 마지막을 아름답게 장식한다. 물론 그마저도 영화는 하나의 '죽음'을 슬픔만으로 담아내지 않고 오히려 진정한 '어른'을 지향했던 그의 소원을 한 단계 승화시킨 모습을 비춘다. 결국, 그가 죽기 전 바랐던 '위대한 소원'은 사회적 시선에서의 '어른'으로서 인정받기 위한 진정한 의미의 소원을 담아내고 있고, 관객은 이를 웃음으로 받아들임과 동시에 이 의미를 결코 무겁지만 무겁지 않도록 받아들일 수 있었던 거다. 죽음은 누구에게나 삶을 평등하게 만들지만, 고환의 입장에서 결코 평등할 수 없었다는 사실은, 스스로를 또 하나의 인격으로 받아들여주기를 원했던 어린 영혼의 인간으로서의 갈망이자 사회를 향한 나지막한 비판으로 남았다. 이러한 묵직한 메시지가 웃음과 더불어 가볍지 않은 무게 속에 살며시 담겨 있기에 이 작품의 가치가 더욱 빛이 나는 게 아닐까.

내 안에 존재하는 파라다이스 폭포

업 Up, 2009

감정을 다루는 데 가장 유용한 건 다름 아닌 공감대의 형성이다. 누구나 겪어봤음직 한 일들을 통해 관객의 공감대를 살며시 건드려보는 거다. 이를 통해 감정의 공유와 더불어 재미까지 동반할 수 있다면 이는 금상첨화다. 어릴 적 즐겨봤던 만화영화에 대한 환상이 깨져버린 건, 단순히 어른이 되어서가 아니었다. 아무래도 미디어의 발달로 숨겨진 만화의 뒷얘기를 어렵지 않게 접하게 되면서부터라고 얘기해야 할 것 같다. 〈요술공주 밍키〉(1982)의 마지막 모습이나 〈은하철도999〉(1979)의 숨겨진 비밀 등은 어른이 되어서 이를 접하더라도 매우 슬프고 충분히 충격적이다. 영화를 보든 만화를 접하건 간에 이러한 슬픈 감정의 공유는 마치 뜨거운 음식을 먹으며 시원하다고 내뱉고, 매워 숨조차 쉽게 쉬지 못해도 맛있다고 얘기하는 것처럼 묘한 경계의 모호함이 존재하는 듯하다.

누구나 그렇듯 어릴 적 환상의 나래를 펼치게 했던 수많은 동화 속 마지막 장면은 언제나 해피엔딩이었다. 그렇게 왕자님과 공주님은 오래오래 잘 살았다고 하는데, 과연 현실도 그러했을까. 마치 어느 성탄절 성당의 건물 뒤편에서 흰 콧수염을 들어 올리고 담배 한 모금을 마시고 있는 산타클로스 할아버지의 뒷모습을 우연히 발견한 것처럼 말이다. 그 순간의 충격은 온전히 스스로 감내해야 할 몫인 것만 같다. 이 작품 〈업(Up)〉(2009)은 그 타이틀이 추구하는 방향만큼이나 보는 이로 하여금 애니메이션에 담은 환상과 기대를 극의 초반부터 저 밑바닥으로 내리 꽂을 줄 안다. 그 때문에 관객 대부분은 차마 빠져나오기 힘든 고통과 슬픔의 공유를 시작부터 맛보게 된다. 이와 같은 감정은 단지 아내 엘리(엘리 닥터 분)의 죽음이라는 사실 하나만으로 겪을 수 있는 슬픔만은 아니다.

한 부부가 평생 함께하는 인생, 더 나아가 한 남자가 한 여인을 만나 사랑을 배워가는 과정을 함축된 시간과 공간 속에, 그것도 아주 아름다운 표현을 통해 고스란히 이를 녹여내고 있기 때문이다. 칼(에드워드 애스너 분)의 삶은 그녀를 통해 그 이유를 찾을 수 있었고, 그녀의 꿈이 곧 자신의 꿈으로 이어진 인생을 살았다. 그녀가 탐험을 꿈꿨을 때 자신의 꿈이 곧 그렇게 이어졌고, 자신은 그녀의 꿈을 이뤄주기 위한 삶을 살기로 마음먹게 된다. 그녀가 죽음을 맞이하게 됐을 때 그의 남은 삶이 어떤 방향으로 이어지게 될까? 픽사(PIXAR)의 애니메이션 〈업(Up)〉은 이후부터 벌어지는 노인의 남은 삶을 이야기한다. 하지만 단순히 우울하고 절망적인 하루의 무료함을 풀어내는 그런 간단명료한 이야기는 결코 아니다. 오히려 시작부터 벌어지는 여러 사건의 묘사가 스펙터클한 측면을 머금어 관객으로 하여금 그의 삶에 절로 빠져들게끔 하기도 한다.

작품 속에서 자주 언급되는 '도요새'는 대표적인 철새다. 이야기는 그녀와 오랜 시간을 함께 나눴던 정이 듬뿍 담긴 집이 이를 포함한 지역의 재개발로 철거 위기에 빠지면서 시작된다. 아직 마음으로 그녀를 채 떠나보내지 못했던 노인 칼은 떠나야 할 때를 찾지 못하고 그 자리에 정체되어 하루의 무료함을 달랜다. 그의 삶은 그녀와 함께할 때처럼 동적이고 탐험을 꿈꾸는 활기 있는 삶과는 거리가 멀다. 결국, 여기서 러셀(조던 나가이 분)이 그의 집에 들어와 칼의 부탁대로 도요새를 찾는 이 장면은 떠나야 할 시기를 이미 놓친 자신에게 던지는 메시지라고 볼 수 있다. 또한 그가 자신의 자리를 박차고 일어설 때 자신의 집을 버리지 않고 꿈을 쌓아온 수만 개의 풍선에 집을 매달아 함께 탐험을 나서는 모습도 철새의 그것과 닮은 부분을 수식한 것이라고 할 수 있겠다.

정해진 틀에 맞춰 살아온 삶이 어색하게 느껴졌음에도 여전히 탐험에 대한 꿈을 버리지 않은 칼의 의지는 결국 풍선을 통해 하늘 위로 날아오르는 이상향을 표현하고 있다고 이해된다. 여기에 어린이 탐험대원 러셀의 역할도 칼의 숨겨둔 그것을 많은 부분 채워주고 응원하는 모습이다. 두 사람은 닮은 듯 닮지 않은 모습을 보이지만 티격태격하는 와중에도 서로의 성격과 말, 행동 등을 통해 마치 거울에 비친 듯 닮은 자기 자신에 대한 거부감을 교차시키고 있다. 그러한 모습은 때로는 의견의 충돌로 때로는 같은 방향을 바라보는 동질감으로 엮어지기도 하지만, 이와 같은 모든 부분이 미지의 세계에 대한 탐험 과정을 배경으로 오히려 완성되는 모습이 강하게 다가온다. 작품의 타이틀인 '업(Up)'은 이처럼 이들의 모험을 묘사하고 지향하는 의미도 있지만, 무엇보다 한 곳에 정체되지 않고 꾸준히 이상을 향해 나아가고 실현하고자 하는 칼의 마음을 대변하는 표현이 되기도 한다.

탐험가 찰스 먼츠(크리스토퍼 플러머 분)의 삐뚤어진 시각이 위험천만한 모험을 만들어내는 부분은 세차게 흔들리는 삶의 여정을 과격하게 묘사한다. 하지만 이마저도 높은 곳을 지향하는 그만의 삶을 살아가는 방식에 속한다면 그는 화면 내내 어느 곳에서도 아래를 내려다보는 적이 없었음을 뒤늦게 이해할 수 있다. 결국, 칼은 남들의 시선은 아랑곳없이 계속해서 위만을 바라보고 있었기에 모든 결과를 온전히 얻어낼 수 있었고, 오랫동안 '위', 즉 구체적으로는 '파라다이스 폭포'만을 꿈꿔왔기에 아내,

여기서는 집과 함께 꿈에 그리던 유토피아에 도달할 수 있었다고 해석될 수 있겠다. 이 작품 〈업(Up)〉은 삶의 이상향을 이야기하고 있지만, 단순히 누구나 꿈꿀 수 있는 유토피아에 대한 환상을 드러내는 것과는 차이를 가진 작품이 아닐 수 없다.

노인 칼의 유년 시절은 처음부터 지극히 평범했고 평범한 사랑을 하고 평범한 삶의 행복을 누렸다. 하지만 그 속에서 자신이 꿈꾸는 이상향을 항상 가슴속에 간직했듯이 모든 이들의 삶을 대변하는 이미지를 쉽게 드러내는 부분도 존재한다. 결국, 우리가 모두 바라볼 수 있는 그 목적지가 그를 계속해서 '위'로 올라갈 수 있게끔 이끌었고, 그 덕분에 정체된 삶을 정리하고 도전을 통해 삶의 미련을 해소하는 기회를 얻는 모습을 보여주고 있기 때문이다. 이처럼 이 작품 〈업(Up)〉은 누구나 꿈꾸는, 그리고 누구나 마음 한편에 남겨둔 이루지 못한 미련을 살짝 씩 건드리는 작품이라고 말하고 싶다. 그 과정이 개성 강한 캐릭터와 운율 넘치는 스토리, 그리고 정감 가득한 그림체를 통해 인상 깊게 받아들일 수 있게끔 표현됐다. 어느 날

더는 움직이지 못하고 잠시 멈춰 서게 될 때, 그 이유에 대한 답을 찾고 싶을 때, 다시 한번 꺼내 보고 싶은 그런 작품으로 남게 될 것 같다.

이곳은 너와도 잘 어울려

윤희에게 Moonlit Winter, 2019

아래 지방으로 내려와 살게 된 지 십여 년, 겨울에 눈을 맞이할 기회가 이전보다 현저히 줄었다. 그나마 몇 년 전까진 2~3년에 한 번쯤은 수북이 쌓이곤 했는데 요즘은 그마저도 없는 듯하다. 사실 눈이 쌓인다는 건 어릴 적에는 참 환영할만한 일이었지만 어른이 되어버린 지금에 이르러서는 반드시 그런 것도 아닌 듯하다. 어른의 시선에서 '눈'이란 건, 어느새 쌓이고 쌓이면 얼른 치워야 하는 그런 존재가 되어버린 건 아닌지. 맑고 하얗게만 보이던 함박눈이 발아래에 뽀드득 밟힐 때의 그 기분은 참으로 묘했다. 오래전 잊힌 그 사람이 떠오르기도 하고 내 어릴 적 기억의 철없던 추억이 되살아나기도 한다. 그 가볍고 포근한 존재가 어느덧 견딜 수 없을 만큼의 무거운 짐이 되어버렸을 때, 눈은 자신만의 거대한 형상과 무게를 실로 과감하게 드러내고야 만다. 출근길, 그렇게 눈이 쌓여만 가는 이곳 도시를 보고 있노라면 이젠 입김과 더불어 한숨이 함께 튀어나오는 이유다.

영화 〈윤희에게〉(2019)는 소수에 대한 주제를 다루면서도 처음부터 끝까지 이를 당당하게 주장하지는 못한다. 화면에 담아내는 여러 요소마저도 아직까진 이를 직접 표현하는 데 부담스럽다는 임대형 감독만의 무언의 항변이다. 이러한 주제는 처음부터 마지막까지 꾸준하게 등장하는 마사코(키노 하나 분)의 대사, "눈이 언제쯤 그치려나." 에서 가장 잘 나타난다. 반복해서 담아내고 있는 건 모두 이유가 있기 마련이다. 그들에게 오타루에 끊임없이 내리고 있는 '눈'은 사람들의 차가운 시선이었고, 조용하고 한적한 소도시가 가지고 있는 배경과 문화는 자신들에게 주어진 작고 나약한 공간에 불과했다. 이 때문에, 쥰(나카무라 유코 분)이 한국을 벗어나 일본의 작은 마을 오타루에 정착하고 있는 건, 곧 자신이 정착할 마땅한 장소를 찾지 못하고 외면받은 도시를 찾아 숨어들었다는 것과 같다는 의미다.

북해도의 작은 운하 도시 오타루는 이처럼 모든 게 작게만 느껴지는 작은 도시이지만, 그만큼 나름의 매력을 가진 곳이기도 하다. 오타루 운하는 9년에 걸쳐 완공된 대표적인 관광지이기도 하며, 오타루 '오르골당'은 반드시 거쳐야 할 명소로 널리 잘 알려져 있다. 1912년에 지어진 2층 벽돌 건물로 구성된 이곳은 약 1만여 점에 달하는 화려한 오르골을 판매하고 있는데, 오타루를 관광하는 이들이 이곳을 기억할만한 선물을 구매하기에 최적의 장소가 되기도 한다. 건물 앞에는 캐나다의 시계장인 레이먼드 샌더스가 만든 증기 시계가 있다. 밴쿠버 가스타운의 증기 시계와 같은 형태와 구조를 띤 이 시계는 15분마다 증기를 내뿜기 때문에, 이를 보기 위해 많은 관광객이 끊임없이 모이는 명소로 자리 잡은 지 오래다. 영화 속에서 쥰과 윤희(김희애 분)는 운하 앞 시계 아래에서 오랜 재회를 가지는데, 어쩌면 그 장소가 오르골당 앞의 증기 시계였다면, 또 다른 독특한 기제를 담아내는 감성을 자극하게 됐을지도 모를 일이다.

마사코와 쥰이 눈을 치우면서 나누는 대화는 반복해서 쌓여가는 사회의 시선을 강하게 비판한다. 눈이 내려 치우면 또 내리고, 눈이 내려 치우면 또 쌓이는 그런 오타루의 환경. 그들은 점차 그런 반복된 행위에 지쳐가고, 마사코가 내뱉는 "눈이 언제쯤 그치려나."는 마법의 주문처럼 계속해서 되뇌어질 뿐이다. 현대 사회가 오타루를 바라보는 시선과 조금 다르지만, 영화는 소수를 바라보는 다수의 시선을 통해 이를 '오타루'라는 도시 전체로 확장하는 작업을 시도한다. 결국, 그들은 서로를 기억하는 '그리움', 그리고 이를 채우는 '외로움' 그 자체는, 치우면 치울수록 사라지지 않는다는 명제를 남기며 그들의 작은 목소리를 화면 한구석에 강하게 밀어 넣는다. 이외에도 영화는 여러 반복된 장면을 통해 '달'에 대한 의미를 상징적으로 부여한다. 료코(타키우치 쿠미 분)가 잠시 보호해왔던 고양이 이름을 '월(月)'로 지은 것도 한국어로 이 이름이 '달'을 의미한다고 강조하는 장면이 뒤따르기도 한다.

이윽고 윤희가 자신에게 배달된 쥰의 편지에 대한
자신의 답장을 읽는 장면이 흐른다.
익숙한 집을 떠나 대학 진학과 새로운 직업에 도전하는
모녀의 길을 비추며, 여전히 쌓여만 가는 오타루의 눈처럼
쉽게 바뀌지 않는 따가운 시선과 현실 속에서
스스로 일어서야 하는 이유와 무게를 조명하는 모습이다.

딸의 갑작스러운 여행 제안으로 오타루의 거리를 걷게 된 윤희와 새봄(김소혜 분). 두 모녀의 눈에 어느 골목길, 하늘에 떠 있는 달을 바라보며 '만월'이라고 외치는 행인이 들어온다. 이는 쥰과 윤희가 오타루 운하에서 극적인 재회를 가진 후, 영화의 후반부에 접어들어서까지도 계속해서 이어진다. 쥰과 마사코가 밤거리를 나서는 장면에서도 마사코가 하늘의 만월을 쳐다보는 장면이 흐르는데, 영화는 이처럼 '달'에 그들이 바라는 이상적인 미래를 향한 소원과 꿈을 담아내는 모습이다. 오타루 달의 모든 면이 차오르는 시점은 그들이 오랫동안 내면에 품어온 응어리가 사람들에게 고스란히 전달되는 시기다. 작고 나약할 수밖에 없었던 그들의 외면 받은 얕은 목소리가 차마 닿을 수 없을 것 같은 거리에 닿게 되는, 그런 희망적인 이미지를 지향하고 있다고 봐도 좋겠다. 이처럼 감독은 화면 곳곳에 이상적인 공간을 남기고 있음에도, 윤희가 홀로 호텔의 바(bar)에서 술을 마시는 순간, 그리고 쥰이 료코를 만나 자신이 한국인이었던 엄마를 숨겼던 것처럼, 그녀도 자신의 비밀을 끝까지 감추고 살라는 조언을 강한 어조로 던진다. 이상과 현실은 우리가 저 달에 닿기 어려운 거리만큼이나 접점을 찾기 어렵다는 이유에서다.

각자의 삶으로 돌아간 두 사람을 제각기 다른 시선으로 비추고 있는 건 영화가 관객에게 전하는 메시지의 형상이 된다. 이윽고 윤희가 자신에게 배달된 쥰의 편지에 대한 자신의 답장을 읽는 장면이 흐른다. 익숙한 집을 떠나 대학 진학과 새로운 직업에 도전하는 모녀의 길을 비추며, 여전히 쌓여만 가는 오타루의 눈처럼 쉽게 바뀌지 않는 따가운 시선과 현실 속에서 스스로 일어서야 하는 이유와 무게를 조명하는 모습이다. 문 앞에서 망설임과 떨리는 마음을 교차시키는 그녀의 모습은 확실히 이전과 다르다. 잠깐의 떨림, 고르지 못한 호흡, 그 미묘한 모양새를 발견하는 건, 그들이 사회 속에서 겪는 민낯으로 남을 수밖에 없다. 사실 사회는 이들의 사정을 알고 있음에도 외면하고 있었고, 그런데도 이들은 그 강하고 단단한 편견에 이젠 직접 뛰어들고자 하기 때문이다. 영화는 줄곧 가볍고 조심스러웠던 행보를 마지막 장면에 이르러 굵은 목소리로 내지를 줄 아는데, 개인적으로 가장 눈에 띄고 마음 깊숙이 스며드는 무형의 엔딩이라는 생각이 강하다. 그들에게 오타루가 얘기하고 있는 이 편지는, 어쩌면 외로운 어깨 위에 놓인 이와 같은 따뜻한 손 내음이 아니었을까.

쉽게
채워지지 않는
그들의 공간

노매드랜드 Nomadland, 2020

사람들이 살아가는 데 있어 '공간(Space)'의 개념이 전하는 의미는 특별하다. 누구에게는 유형적 자산의 그것으로, 어떤 이에게는 그저 발 뻗고 누울 따뜻한 공간적 의미의 그것으로 말이다. 여기서 또 다른 의미를 찾자면 공간이 가진 기능과 의미로 좀 더 확장할 수 있겠지만 모두에게 다 그렇듯이 앞서 얘기한 원초적인 의미가 가장 크게 다가오지 않을까. 달리 해석하면 '공간'을 채워주는 그것의 형태도 얘기할 수 있고 말이다. 입체적 공간의 채색을 2차원의 화면으로 옮겨와야만 하는 '영화'라는 매체의 특성은, 그 공간, 즉 '공간(Room)'을 사람들의 대화, 행동, 기운, 그리고 이를 기반으로 채워지는 서사의 개념으로 표현하고자 노력한다. 이와 같은 요소를 잘 살려낸 작품이 영화 〈이 안에 외계인이 있다〉(2021)로 감독은 폐쇄적 공간 안에 인물 간 소통의 대치점을 만들어 여기서 나타나는 감정을 잘 살려낸 바 있다. 외부와의 단절로 인한 공포감, 그리고 불안을 이끄는 존재의 불투명이 그들의 공간을 침범할 수 있음을 극대화해 거기서 나오는 이야기를 재치 있게 끌어낸 작품이 아닌가 생각된다.

반면 이 영화 〈노매드랜드〉(2020)는 삶의 영역에 있어 '공간(Space)'의 의미를 자유롭게 확대하여 해석하는 작품이다. 카메라는 클로즈업과 와이드샷을 번갈아 시도하며 '인물이 만드는 공간'과 '인물이 놓인 공간'의 교차적인 해석을 시도한다. 이는 대사가 전달하는 영역의 그것을 넘어 노매드(Nomad, 유목민)가 온몸으로 부딪히는 삶의 무게를 공간적 의미로 표현하는 중요한 부분이 된다. 사실 지금까지 소외된 집단을 바라보는 시선을 완벽하게 평행선상에서 그린 작품은 극히 드물었다. 이 점에서 이 작품은 화면 구석구석의 시선을 긁어모아 제3자의 시선이 아닌 모두가 공유할 수 있는 감정으로 가득 채우고자 노력한다. 화면은 그들의 현실적 어려움의 실태를 강하게 표현하지만, 그들은 오히려 서로가 끈끈한 공감대를 형성해 서로를 평등한 삶의 시선에 서게끔 만드는 모습이다. 그렇게 묘사되는 노매드는 서로 가진 물건을 교환하며 삶의 균형을 만들고 나이에 상관없이 일자리를 찾아 노력하며 자신들의 하루를 소중히 채울 줄 아는 모습이다.

마치 가족과 같이 평등한 위치에서 나누는 대화와 그들 사이의 상호작용은 그런데도 여전히 '공간(Space)'이 가져오는 의미를 곳곳에서 드러내는데, 이를테면 그들의 주거 공간이 되는 밴(Van)도 이에 해당한다. 펀(프란시스 맥도맨드 분)이 데이브(데이빗 스트라탄 분)의 집을 방문했을 때 '집'은 단지 공간적 개념을 떠나 가족, 의복, 대화, 평안 등 다양한 의미의 개념을 내포하고 있는 모습이다. 삶과 죽음의 경계를 거쳐 그곳의 분위기에 정착하던 그녀는 어느 순간 삶을 스스로 해석하며 자신의 밴을 찾아 밖으로 나온다. 그녀가 노매드 생활을 통해 찾고자 하는 건 그들끼리 겹겹이 쌓아 올린 자아의 부딪힘이었다. 국립초원공원을 린다(린다 메이 분)와 함께 관광할 때, "돌 안에 공기가 많아 각각의 바위를 서로 부딪쳐 비벼댔을 때 어떤 일이 일어나는지를 확인해보라."라는 안내원의 얘기가 떠오르는 것도 꽤 자연스럽다. 화면이 새들이 만든 둥지를 비추는 장면도 이러한 해석을 거드는 부분이다. 펀은 화면이 표현하는 이미지와 같이 여전히 한곳에 머무르지 않고 계속해서 이동하며 그녀의 하루를 채워가는데, 정착하지 못하는 이유보다 오히려 그녀의 삶이 스스로 정착하고자 하는 의지가 없음을 시사하는 바가 여기서 크게 다가온다.

그녀는 영화 속에서 딱 한 번 화를 내는 모습을 보인다. 오랫동안 아끼던 접시가 깨져버렸을 때 그녀는 깨닫는다. 모든 건 영원할 수 없고 깨진 조각은 다시 붙여도 자국이 남게 된다는 사실 말이다. 그건 스완키(샬린 스완키 분)가 죽음을 맞이했을 때도, 자신의 밴이 고장이 나 수리업체로부터 폐차를 권유받았을 때도 마찬가지였다. 결국, 영화가 이야기하고 있는 집, 즉 '공간(Space)'은 그들이 자유롭게 이동하고 거주하는 단순한 장소의 개념을 넘어 그들의 삶을 채워주고 있는 밴, 생활을 돕는 접시와 같은 소도구, 자신의 주변을 채워주는 같은 상황의 '노매드' 그 자체를 포괄하는 개념으로 나타난다. 그들은 서로 생활을 공유하고 서로의 빈 곳을 채워주는 구성원으로 비치지만, 이 또한 한 인간으로서 그 삶의 의미를 완벽하게 채울 수 없는 모습이다. 데이브의 아들이 그를 찾아왔을 때 그는 자신이 아빠로서 자격이 없었음을 토로하는데, 결국 노매드가 추구하는 '집'은 온전한 가족으로서의 구성과 역할로서의 의미도 포기할 수 없었기 때문이다.

펀이 노매드 생활을 통해 화면에서 외쳐대는 건 결국, '공간적' 개념의 집이 아닌 그곳을 채우는 모든 구성 요소들의 각각의 역할이 주장하는 '존재적' 개념의 집이었다. 어쩌면 그녀가 추구한 노매드 생활은 이처럼 완벽하지 못했던 서로가 한곳에 모여 하나의 집단을 형성할 때 일어날 수 있는 상호작용의 기대감이었다고 봐도 좋겠다. 그런데도 그녀가 한자리에 계속해서 머무르지 못하는 건 앞에서 언급한 바와 같이 자신의 삶을 되돌아보는 계기가 겉으로 드러나고 있기 때문이다. 밴의 수리비를 구하기 위해 그녀도 결국, 동생을 찾게 되고 자신이 함께하길 기다리는 가족이 있지만, 여전히 자신이 그 자리를 채우지 못하고 있음을 스스로 인정하고 받아들이는 측면이 화면에서 진하게 드러난다는 점에서다. 그녀는 남편이 죽고 난 후 노매드 생활을 선택하고 만족하고 있으면서도 이를 계속해서 사람들에게 반복적으로 꺼내는데, 그녀조차 여전히 자신의 삶과 선택에 확신이 없음을 솔직하게 드러내는 장면이라 할 수 있을 것이다.

데이브의 집을 방문했을 때 화면이 말에서 개로, 개에서 닭으로, 닭에서 만찬으로 이어지는 자연스러운 연결은, 이 때문에 '가족'이 만들어내는 '집'의 공간적 해석을 시도하는 것으로 보인다. 이 장면은 이윽고 부자지간이 어울려 피아노 연주를 하고 그 모습을 바라보는 그녀의 표정으로 연결되는데, 여기서 그녀의 얼굴은 마냥 좋기보다 그곳에 점차 익숙해지고 그곳을 동경하는 것처럼 야릇한 표정이다. 그렇게 그녀는 그날 밤 밖으로 나와 자신의 밴에서 잠을 청하고 다음 날 새벽 집안을 천천히 둘러본 후 일찌감치 자리를 뜬다. 카메라가 식탁을 한동안 풀

결국, 영화가 이야기하고 있는 집, 즉 '공간(Space)'은
그들이 자유롭게 이동하고 거주하는 단순한 장소의 개념을 넘어
그들의 삶을 채워주고 있는 밴, 생활을 돕는 접시와 같은 소도구,
자신의 주변을 채워주는 같은 상황의 '노매드'
그 자체를 포괄하는 개념으로 나타난다.

샷으로 잡는데, 그 장면이 표현하는 여운은 관객에게 매우 크게 다가갈 것만 같다. 동경하는 곳에서 자신이 익숙지 않음을 느끼는 그녀의 불안감이 한 번에 드러나는 부분이기 때문이다. 파도와 바람이 몰아치는 해안가에서 숨을 깊이 들이쉬는 그녀의 모습은 결국 자신이 있어야 할 곳을 찾아 계속해서 이동하는 스스로에 적응하고 있음을 말하고 있다고 하겠다.

영화는 스완키를 애도하는 노매드의 모습을 마지막으로 인상 깊게 남긴다. 결국, 노매드에게 마지막 작별 인사는 존재하지 않고 서로에게 더욱더 기대며 그들이 이곳을 동경하고 계속해서 이동한다는 의중의 표현이다. 언제 어디에서든 지나쳐버린 기억으로 되새기지 않고 지금 이대로의 모습을 늘 찾을 수 있다는 그들의 이야기는 펀과 밴의 뒷모습을 비추는 장면으로 이어진다. 이는 그녀가 계속해서 걸어가는 모습과 이유를 무언의 시선으로 대신하는 부분이다. 영화는 그녀가 한참을 그리워했던 엠파이어의 모습으로 마무리하지만, 그런데도 그녀는 걸음을 여전히 멈추지 않는다. 그 걸음이 노매드 스스로 이야기하는 삶의 방향과 일맥상통하기에 이 영화가 단지 노매드만의 이야기라기보다는 우리가 걷는 삶 그 자체로서의 표현으로 받아들여도 그 무게가 제법 무겁게 느껴지는 건 어쩔 수 없는 현실인 듯하다.

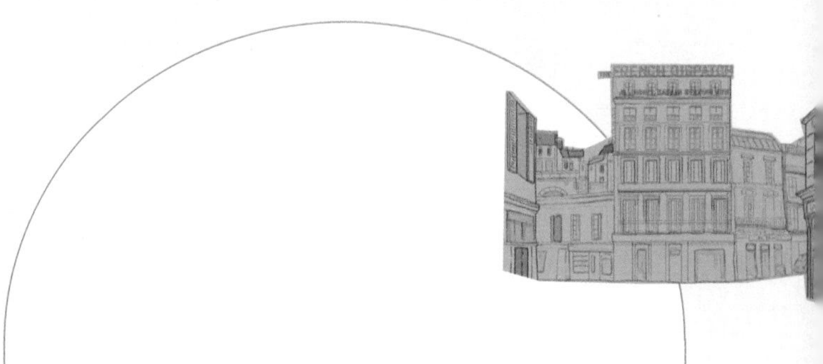

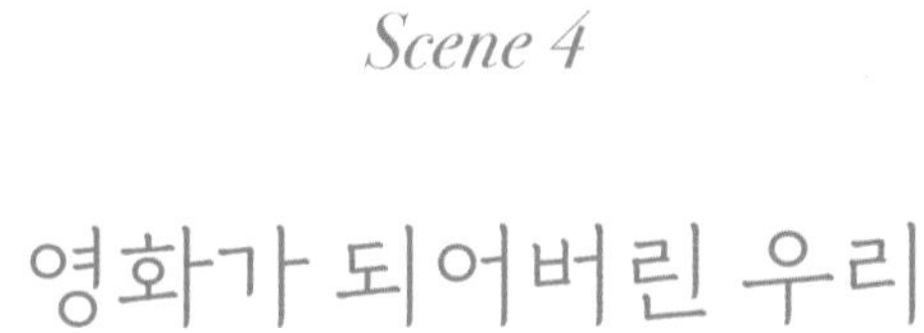

Scene 4

영화가 되어버린 우리

삶이 마치 그러하듯

프랑스 영화처럼 Like a French Film, 2015

삶을 하나의 시점으로 나누면 개개인의 지향점은 제각각이지만 그 무게는 실로 다양하다. 누구는 과거를 돌이키며 현재를 소비하고, 또 다른 이는 오직 현재만을 바라보며 살아가고, 어떤 이는 아직 오지 않은 미래를 기대하며 하루를 견딘다. 우리가 알고 있는 무게추는 어디에도 기울지 않은 채 자신의 무게만을 버틸 뿐이다. 이처럼 시선을 골고루 배분하는 건 참으로 현실과의 괴리를 형성하는데, 이게 또 영화 속에서는 새롭게 다가오는 부분이 된다. 흔히 영화를 보며 화면 속 인물의 이야기를 통해 대리 만족하게 되는 경우를 비춰볼 때, 인물이 관객의 시선을 의

식해 연기하는 점은 보는 이에게 영화의 재미를 돋우게 만드는 점이기도 하다. 개인적으로 글로써 삶을 풀어낼 때 머릿속에 각인된 강렬한 기억의 과거를 끄집어내거나 과감하게 부닥치고 감내하는 현실과의 충돌을 열어젖히는 경우가 많다. 다가오지 않은 미래는 누구에게나 부담스럽기 마련이니까 말이다. 이처럼 과거와 현재의 연결, 그리고 불확실한 미래를 맞이하며 살아가는 하루는 마치 복권을 구매하고 한 주를 꿈꾸는 것처럼 희망차지만 어떤 면에서 여전히 앞이 캄캄한 어두운 터널로 다가오기도 한다.

그래서 우리는 꿈같은 현실을 이야기할 때, 혹은 상상 속 꿈을 현실로 풀어낼 때 쉽게 '영화처럼'이라는 단어를 꺼낸다. 첫 책의 제목을 '그때 그 영화처럼'이라고 지은 것도 각자의 삶이 우리가 즐겼던 영화 속 인생과 맞닿기를 바랐던 이유에서였다. 원래는 문장 앞에 '기록'이라는 두 글자를 덧붙였는데, 출판사와의 최종 협의 과정에서 탈락하고 말았다. 책의 내용을 고스란히 나만의 것으로 간직하고자 했던 소유욕이 겉으로 튀어나온 이유 때문이었던 것 같다. 어쩌면 영화를 접할 때 느끼고 생각했던 여러 이야기가 영화를 묘사하고 덧칠하는 과정으로서의 '리뷰'에 머물지 않고 '새로운' 이야기를 만들어내는 것이길 바랐던 것일 수도 있겠다. 필자는 영화를 풀어낸 책을 통해 독자들이 영화의 이면을 스스로 현실과 연결할 수 있기를 바란다. 이런 목적을 가진 하나의 영화가 있다. 각자의 인생을 하나로 묶고는 이를 '시점'으로 나눠 새롭게 분류했다. 누구에게나 다르게 다가올 하나의 지향점을 새롭게 얘기하는 영화 〈프랑스 영화처럼〉(2015)은 정말 말 그대로 영화처럼 현실을 받아들이게끔 만든다.

각자의 인생을 만들어가는 네 딸을 둔 엄마(이영란 분)는 어느 날 자신이 불치병에 걸린 걸 알게 되자 자신의 마지막 순간을 스스로 준비한다. 네 딸을 초대해 삼 일을 함께 보내고 삶을 스스로 거두고자 위함이다. 이야기는 사흘 동안 거창한 이별의 과정을 준비하진 않는다. 오히려 삶을 접고 떠날 준비를 하는 그녀와 계속해서 살아가야 할 딸들이 어떤 이별을 맞이해야 할지에 대한 고민을 너무나도 무덤덤한 시선으로 담아내는 듯하다. 이들의 마지막 삼 일이 지향하고 있는 건 바로 '과거'다. 떨어져 지내던 네 딸이 한곳에 모여 풀어내는 것들은 과거에 흘려버린 아쉬움과 원망, 그리고 후회가 섞여 뱉어내는 것들이다. 하지만 이를 바라보는 엄마의 모습은 어떠한 질책도 안타까움도 하나 없다. 그저 마지막 순간까지 현실의 옭아맴을 벗어나지 못하고 있는 그들의 그것마저도 삶의 한 부분으로 자리한 채 이를 고스란히 수용하는 모습을 비춘다. 그녀에게 딸들의 삶은 각자의 영역에 해당하고, 자신은 정리할 것을 넘어 스스로 물러설 자리를 서두르게 만든다. 그녀는 과거를 애써 주워 담지 않는 모습이다. 딸들이 서로에게 미룬 아쉬움과 원망, 후회 등의 감정을 뱉어낼 때 그녀는 줄곧 무관심으로 이들을 응시할 뿐이다. 이처럼 영화는 마지막 순간, 지나온 '과거'가 가진 의미에 짙은 자국을 남기며 이야기를 넘긴다.

바통을 이어받은 이야기는 밤새 깨어있는 술집의 한 구석이다. 술집을 찾은 손님들은 각자의 이야기를 주고받지만, 한 청년과 또 다른 장애 청년이 술집의 종업원(다솜분)에게 구애를 청한다. 한 청년은 즉흥적인 모습이고 장애 청년은 진지하지만 이조차 그녀에게 깊은 무게를 던지지는 못한다. 그녀는 더 나은 삶을 꿈꾸는 듯하지만, 자신이 놓인 현실의 처지를 스스로 비관하는 모습뿐이다. 화면은 이처럼 그녀를 중심으로 인물이 하루를 버티는 과정을 고스란히 읽어내는데, 여기에 더해지는 주변의 절실함이 이야기의 재미를 이어가게 만든다. 그렇게 애틋하고 애절한 사랑을 갈구하던 이들도 마치 술기운의 그것을 벗어나지 못하는 것처럼 아무것도 아닌 채 새벽을 맞이한다. 결국, 보는 이들은 이야기가 던지는 지향점이 '현재'에 머무르고 있음을 이해하게 된다. 사람들은 하루에 한숨을 내쉬고 밝은 미래를 바라면서도 이를 뒷받침하는 오늘을 제대로 돌아보지 못한다. 그건 바로 모든 이들이 더 나은 내일을 기약하며 사랑을 원하고 꿈꾸지만, 차가운 현실 속 시선이 계속해서 우리를 그 속에 옭아매고 있어서다. 화면 속 붉은 조명 속에 갇혀버린 그곳 술집의 시간은 현재에 갇혀있다. 낮과 밤의 구분조차 형성하지 못한 채 시간의 흐름을 읽어내는 화면의 시선도 여전히 편견에 사로잡혀 있는 모습이 아닐까 싶다.

이 차가운 시선을 받아내는 건, 스티브(스티븐 연)와 소

마지막 에피소드인 수민(신민철 분)과 기홍(다솜 분)의 이야기는
앞에서 이끌어왔던 과거와 현재, 미래를 잇는 '시간'이 풀어놓는
지향점에서 한참 벗어나 있다. 하지만 이들 두 사람이 각자
바라보는 시간을 구분하는 지점은 다분히 현실적이다.
두 사람의 대화는 함께 소통하는 듯하면서도
언제나 다른 이야기를 이어간다.

연(김소이 분)의 초조한 표정이다. 두 사람은 절실한 사랑을 애타게 갈구하지만, 현실에 가로막혀 미래를 확신하지 못한다. 그들의 초조함은 한곳에 머무르지 못하고 우왕좌왕 서두르는데, 우연히 발견한 점집이 그들의 불안감을 해소해주기를 기대한 듯하다. 두 사람의 내면을 속속 읽어낸 용한 점쟁이는 기대와는 달리 만족스럽지 못한 미래를 꺼내고, 그들에게 함께 할 시간이 100일밖에 남지 않았다고 말하자, 그들은 함께 약속했던 미래를 두고 원망을 털어놓기 시작한다. 두 사람이 지향하는 곳은 당연히 '미래'다. 하지만 보이지 않는 것에 대한 불안감이 그들을 점집으로 향하게 했고 당연하게 여겨왔던 긍정적인 시선은 자연스레 부정적인 우려로 바뀐다. 영화는 모두에게 공평하게 주어지는 캄캄한 터널과 같은 미래가 어떤 시선을 덧대느냐에 따라 때로는 기대로, 때로는 실망으로 바뀔 수도 있음을 인물의 대사, 표정, 그리고 행동 등을 통해 세밀하게 드러내고 있다. 여기에 두 사람이 적절히 섞어 사용하는 언어의 표현, 즉 우리말과 영어가 번갈아 튀어나오는 형국이 흡사 섞일 듯 섞이지 못하는 두 사람의 마음을 대변하며 그들이 단정짓는 미래를 향한 결론에 힘을 실어주는 모습이다. 옥신각신 좀처럼 하나로 묶이지 않는 그들의 대응법이 현실적인 감각을 화면에 더하는 것도 사실이고 말이다.

마지막 에피소드인 수민(신민철 분)과 기홍(다솜 분)의 이야기는 앞에서 이끌어왔던 과거와 현재, 미래를 잇는 '시간'이 풀어놓는 지향점에서 한참 벗어나 있다. 하지만 이들 두 사람이 각자 바라보는 시간을 구분하는 지점은 다분히 현실적이다. 두 사람의 대화는 함께 소통하는 듯하면서도 언제나 다른 이야기를 이어간다. 수민은 기홍에게 마음이 있지만 그녀는 그런 그의 마음을 인정하지 않는다. 하지만 그녀도 늘 그를 찾아 헤매는 모습을 통해 완벽히 그의 그림자를 배제하지 못하고 있음을 드러낸다. 결국, 그들이 지향하는 곳은 '이상동몽(異床同夢)'의 그것이다. 다른 생각을 하고 있지만 같은 꿈을 꾸고 있는 건 두 사람이 자연스레 흘리는 '프랑스 영화처럼'이란 문구에서 이해할 수 있다. 동생이 그를 어장에 갇힌 호구라고 불러도 그가 그녀와의 만남을 이상적으로 받아들이는 것처럼 말이다. 영화가 주장하는 '프랑스 영화처럼'은 지극히 이상적인 수식을 언제나 달고 다닌다. 현실과의 괴리를 넘어 인생을 아름답게 수식하는 힘을 가진 것처럼, 우리의 삶도 시간의 얽매임을 벗어나 언제나 그러하다는 사실을 영화는 묵직한 시선으로 이야기한다. 신연식 감독은 이처럼 각기 다른 네 개의 에피소드를 풀어내며 마지막 에피소드로 그의 주장에 마무리를 꾹 문지른다. 과거와 현재, 미래가 만들어내는 삶의 이상이 종국에 그러하듯 말이다. 프랑스 영화의 그것처럼.

소리로 남은 미생(未生)

울프콜 The Wolf's Call, 2019

오감을 자극하고 그 감각을 활용하는 '예술'의 영역은 분야에 따라 제각기 다른 방향과 의미를 지향하지만, 그중에서도 특히 귓가를 울리는 '소리'는 영화 속에서 조금 독특하게 다가온다. 이는 어릴 적부터 소리에 민감한 성향도 있었고 필자가 영화를 볼 때도 시각적인 그것보다 소리가 전하는 감동을 즐기는 이유가 됐다. 알고 보면 이러한 특징은 최근 산업과 문화, 예술과 과학 등 여러 분야의 컨버전스, 즉 이른바 '융합'이라고 불리는 키워드가 사회적으로 부상하는 하나의 트렌드와 무관하지만은 않다. 각 요소의 장점이 서로 맞물려 커다란 기폭을 드러낼 때 우리가 쉽게 경험하기 힘든 특별한 세계가 열리는 것처럼, 눈으로 받아들이는 게 중요한 영화라는 매체 또한 이 청각을 건드리는 행위가 더해짐으로써 이해할 수 있는 영역이 그 파급력 측면에서 결코 단순한 게 아니라는 생각이다.

사실 이러한 '융합'의 개념은 결과물로 받아들여지는 이해 때문에 좀 더 독특하고 무게 있는 의미를 가지는 것 같다. 이 부분에서 사회적 측면에서 수용되는 '소리'는 무형의 그것이 아닌 유형을 지향하는 부분으로 변화되기도 한다. 영화 〈소리도 없이〉(2020)의 태인(유아인 분)이 무형의 소통을 시각화함으로써 그 존재를 표출한 것처럼, 또한 그 이면에는 사실 '소리'가 눈에 보이지 않았음에도 마치 '소리'의 장점이 화면에 고스란히 표현되고 있었던 것처럼 말이다. 이 때문에 영화가 이야기하는 메시지의 전달에 있어 이를 논외로 하는 건 분명 어불성설이다. 비단 청각적인 부분을 보다 신경 쓰게 만드는 공포 장르가 아닐지라도 화면 속에서 이처럼 귓가를 울려대는 건 보이는 것만큼이나 매우 중요하게 작용하지 않나 싶다.

보이지 않는 만큼 신뢰의 차이가 발생하더라도 화면 속에서 청각적인 요소는 분명 시각적인 것 이상으로 우리의 감각에 큰 영향을 미치게 된다. 우리 모두의 믿음이 사실상 눈의 흐름을 보다 좇고 있음에도 말이다. 하지만 영화 속에서 이 '소리'의 영역을 시각적인 그것 이상으로 극대화하는 건 결코 쉬운 일이 아니다. 분명 그 힘과 역할이 존재하는데 마치 존재하지 않는 것인 양 귀를 기울여야 하는 것처럼. 어쩌면 우리가 UFO나 귀신, 유령과 같은 초자연적 실체 또는 현상을 대하는 태도 또한 그 이전에 실제 눈으로 확인했는지를 우선에 두는 것과 같을 거다. 아무리 귓가를 울려봤자 눈으로 직접 보지 않은 이상 께름직한 건 사실이다. 그래서 우리는 '소리'를 두고 누구나 '들었어?'라는 의문부호를 가장 먼저 서로에게 쉽게 떠넘기지 않는가.

이쯤 되면, 화면 속에서 '소리'는 실체에 대한 좁은 영역으로 어쩔 수 없는 한계가 있음을 솔직히 인정해야 한다. 물론 그 범위는 분명 시각적인 것 이상임은 틀림없다. 특유의 기교가 중요시되는 공포 장르를 제외하고 필자에게 '소리'의 그것을 가장 효율적으로 사용한 소재는 다름 아닌 '잠수함'이었다. 서두를 길게 끄집어낸 것도 다름 아닌 잠수함 애기를 하고 싶어서다. 음파에 귀 기울이게 만드는 이 독특한 현장 속 긴장감은 이상하게도 특별하고 묘한 매력을 지닌다. 이는 우주나 해저 속 고요함과는 다른 차원으로, 깊은 해저에서 벌어지는 전투 현장의 치열함도 제한적이고 무엇보다 '소리'의 영역에 기대는 부분이 많다는 이유도 분명 있다. 즉, 보이는 부분보다 귀에 들리는 부분의 장점을 높여 영화를 접하는 관객으로 하여금 그들의 오감을 살며시 잡아주는 재미를 더한다는 애기이다. 영화 〈울프 콜〉(2019)은 잠수함을 소재로 한 영화치고는 독특하게도 바로 이러한 소리의 영역이 주는 재미에 그 시선을 묶어둔 작품이다.

2차 세계대전을 소재로 독일의 U보트를 대상으로 한 명작들이 워낙 많지만, 그중에서도 영화 〈울프 콜〉은 그들이 보여준 박진감에 비해 유난히 눈에 보이지 않는 영역의 장점을 높이고자 노력한다. 도입부를 장식하는 긴장감도 신선해 처음부터 화면을 가득 메우는 청각적 요소들은 초반 관객의 눈길을 한곳에 모으는 장점을 부르기도 한다. 다만 출정의 순간, 주인공 샹트레드(프랑수아 시빌 분)가 마리화나 사건으로 핵 잠수정에 직접 탑승하지 못한 이야기 구성에는 다소 아쉬움이 남는다. 극의 긴장을 낮게 떨어뜨리는 이유도 되고, 잠수정과 아닌 곳의 경계가 주는 기대치도 보다 부족하기 때문이다. 이 부분은 서사 측면에서 그의 역할의 중요성을 논외로 하더라도, 가장 커다란 기제로 작용할 여지를 스스로 없앤 것과 같기 때문이다. 다시 말해, 현장의 긴박함, 그리고 관객이 가지게 될 이야기의 재미마저도 채 다루지 못한다는 측면에서 더욱 그렇다. 이야기를 이어가기 위해 인물 간 구성을 극적인 전개로 가져가는 건 충분히 이해된다. 다만 사건의 매듭보다 영화의 주제가 가진 장점을 살리는 방향으로 나아갔더라면 작품의 가치가 더욱 부각되지 않았을까 하는 아쉬움도 있겠다.

영화는 눈에 보이는 것과 보이지 않는 것, 진짜와 가짜 등 대비되는 주제를 활용해 사람들의 내면에 어떠한 가치를 담아내는 게 현명한 판단이 되는지를 표현하고자 많은 노력을 기울인다. 이렇게 보면 허공을 가르는 정체 모를 핵미사일에 대한 신뢰나 함장 그랑샹(레다 카텝 분)의 대원들에 대한 신뢰 모두 곳곳에서 갈등을 만들어내는 행위가 영화의 장점이자 포인트로 작용하는 듯하다. 사실 이 모든 부분은 군인으로서 자신의 행동에 대한 결과를 고려한 책임 있는 영역에 해당하기에, 분명 전투 현장이 가진 개별적인 긴장을 결코 손에서 놓을 수 없다는 점도 이해해야 할 것이다. 그래서 이 영화가 그 압박감을 최대한 사실적으로 이끌고자 노력하고 이를 통해 유사한 작품들과의 경계를 구분하는 것도 긍정적으로 비치는 모습이다. 여기에 앞에서 언급한 인물 간 갈등과 극적 스토리를 더해 마치 파도를 타듯 오르내리는 재미의 높낮이를 구성한 것은 확실히 갇힌 공간에서의 답답함을 해소하게끔 만드는 관객에 대한 배려로 작용하는 것 같다.

이렇게 보면 영화 〈울프 콜〉은 잠수함을 소재로 한 영화치고는 이전 작품들에 비해 현장에서의 긴장은 다소 덜 전달되나, 오히려 많이 생각하고 깊게 설계한 만큼 화면의 기운을 충분히 만들어낸 영화라고 할 수 있겠다. 액션과 스릴보다 논리적인 사고와 행동, 풀이, 그리고 감각에 더욱 집중할 수 있도록 배려한 점도 이 작품이 다른 작품들과 지향하는 방향에서 차이가 있다는 사실을 뒷받침하고 말이다. 물론, 이를 돌려 얘기하면 밑줄 긋고 형광펜을 친 부분을 제외한 나머지에 대한 예습이 부족하다는 표현과도 일치해 이 점은 확실히 아쉽다. 장점인 '소리'에 집중해 나머지 부분까지 아우르지 못하고 기존 작품들의 틀과 흔적을 쫓아 담아낼 수밖에 없었던 결과로 생각되는 부분이다. 만약 도입부에서 제시하고 강조한 소리의 영역을 보다 큰 그릇에 담아낼 수 있는 이야기를 열어젖혔더라면 이 작품은 분명 커다란 스포트라이트의 영역에 발을 담글 수 있었을 걸로 보인다. 제대로 된 소재를 통해 확실한 흔적을 새겼지만, 이의 활용보다 인물의 갈등 구조와 볼거리에 치중한 마무리가 가장 큰 아쉬움으로 남아있지만 말이다. 영화 속에서 틀과 영역, 주제와 방향의 선정이 이렇게나 중요하게 다가온 작품도 아마 드물 듯하다.

그가 남기고 간 흔적

아무도 없는 곳 Shades of the Heart, 2021

과거의 나와 지금의 나는 너무나도 다르다. 과거의 흔적을 되찾고자 인터넷을 뒤적여 본다. 머릿속에서 너무나도 해맑게 웃던 그녀의 뒷모습은 여전히 차갑고 냉정하다. 십수 년이 지나도 적응되지 않는 모습은 그렇게 쓴맛의 여운만을 깊이 남긴 채 아스라이 사라져간다. 있는 듯 없는 듯 그 존재는 그렇게 기억을 넘어 애초부터 존재하지 않았던 것처럼 아쉬움을 남겨둔다. 애써 손을 뻗을 필요도 없다. 그저 나와 같은 곳을 바라보지 않는 것처럼 냉정함을 에둘러 드러내는 그것도 없을 테니. 한때는 서로를 마주 보고 웃음을 지었지만, 이제는 달라진 모습으로 서로 등을 마주 대고 있었다. 가수 박진영의 어느 노랫말이 입가를 맴돈다. 있는 듯 없는 듯 처음부터 그랬던 거다.

김종관 감독은 말하고자 하는 감정의 시선을 카메라에 묶어두는 데 탁월한 연출을 한다. 이를테면 이야기를 전하는 화자(話者) 입장에서의 연기를 벗어나 감정 그 자체를 인물 안에 잡아두는 연기를 선호하는 것처럼 말이다. 영화 〈아무도 없는 곳〉(2021)은 화자인 창석(연우진 분)이 주변 인물들을 차례대로 만나 그들의 이야기를 경청하며 각자의 감정을 자신에게 내재시켜가는 과정을 담는다. 그들의 이야기를 나눠 마치 제3자의 시선을 표출하는 것 같으면서도 한편으로 어느새 화자가 아닌 청자(聽者)로서의 견해를 대변하는 모습이다. 다양한 구도의 관객을 아우르는 이러한 연출 시각은 이야기가 지닌 감정을 신scene마다 증폭시키는 힘을 가진다. 미영(이지은 분), 유진(윤혜리 분), 성하(김상호 분), 주은(이주영 분)의 순서대로 이어 나가는 각각의 신scene은 하나의 선(線)으로 자연스레 이어지지는 않지만 '기억'이라는 하나의 매개체로 절묘하게 감정을 공유할 줄 안다.

어느 커피숍 안에서 눈을 뜬 미영은 앞에 앉아 있는 창석의 모습이 낯설지만 이내 그와의 대화에 빠져든다. 소개팅을 나온 듯한 그녀의 모습이 다소 어색한 건 가감 없이 내뱉는 그녀의 이야기 때문이기도 하다. 현재의 미영(문숙 분)으로 살며시 넘어가는 숏이 펼치는 카메라 트래킹은 화면 속에서 제법 과감한 시도를 하는데, 그런데도 순간의 변화를 받아들이는 데 부족함은 없다. 이는 이전부터 분주하게 움직이는 숏의 구도가 좌우와 평행선을 그리며 정반대의 노출을 시도하기 때문이다. 간간이 비치는 유리창에 남겨둔 그들의 시선은 결국 현재의 이야기를 벗어나 과거의 기억을 더듬는 작업을 한다. 그 누구도 아프지만, 그 상처만큼 나아가질 못했던 기억을 그들은 단지 시선 하나만으로 화면 속에서 이를 수용해버린다. 모자지간에 나누는 기억과 이를 끄집어내는 대화는 그렇게 하나의 시선에 묶여 창석이 이끄는 대로 옮겨가는 길목이 된다.

이내 창석은 자신의 원고 출간을 위해 후배 유진을 만난다. 여기서도 그는 화자인 듯 관객의 시선을 이끌지만,

여전히 청자(聽者)의 영역을 가로채는 모습이다. 그녀가 내민 맥주와 담배는 그를 자연스럽게 대화의 중심으로 끌어낸다. 하지만 이조차 그녀보다 그의 관점이 많이 드러나는 부분으로 채워질 뿐이다. 엄마인 미영을 양로원으로 보낸다는 전화 통화를 끝내기 무섭게 유진의 낙태 이야기를 들으며 그는 자신만이 억누르고 있던 사연을 그의 방식으로 꾹 눌러 참고 있는 모습을 보인다. 처음보다도 더 붉게 달아오른 감정선은 언젠가 터질 것처럼 조심스럽다. 유진을 만나기 전 커피를 마셨지만, 그녀의 권유로 대신 맥주를 들이켜고 바스락 타오르는 소리에 취해 역시 담배 한 모금에 손발을 들고 나서는 그의 모습은 관객에게 이제 적응할 틈을 조금씩 제시하는 분위기를 안기는 듯하다. 그렇게 두 사람은 담배를 나눠 피며 한 곳을 응시한다. 결국, 그의 그림자가 짙어지는 모양새다.

우연히 재회하게 된 성하와의 대화는 그의 인생에 커다란 중압감을 안겨준다. 여기서부터 제대로 된 청자(聽者)로 영화 속 그의 역할과 입장을 확고히 한 그는 그런데도 그의 틈에 끼여 주관적인 움직임을 시도한다. 성하가 끄집어낸 청산가리는 그의 눈길을 어느새 사로잡는다. 흔들리는 눈빛을 읽었는지 모를 정도로 화면을 격렬하게 이어 나가는 성하의 사연은 애틋하면서도 삶의 끝을 서두른다. 하나씩 한 꺼풀씩 벗겨나가는 그의 속내는 성하의 이야기를 맞장구치는 과정에서 더욱 구체화한다. 간간이 이어지는 그의 걸음과 그가 머물렀던 공간은 하루의 망설임이 뒤섞인 채 그 색깔을 진하게 보여주는 뒷모습이다. 결국, 그가 응시한 공중전화 부스의 그것은 이미 흘러버린 과거의 내음을 크게 아쉬워하는 눈치다. 아무도 쳐다보지 않는, 그렇게 '아무도 없는 곳'은 유일하게 그가 자신을 일으켜 세울 한 마디 끝자락과 같은 눈치다.

창석의 고민은 바(bar)에서 주은을 만나면서 그 감정의 끝을 드러낸다. 그녀가 조심스레 속삭인 그녀의 시는 그를 묘사하는 것과 더불어 그의 결심을 뒷받침하는 하나의 도화선이 됐다. 기다리지만 아무도 기다리지 않는, 그렇게 기약 없는 행위를 자처하면서도 그의 거짓말은 어느새 그녀에게 솔직해진다. 돌고 돌아 결국, 원점으로 돌아갈 수밖에 없지만, 그 용기조차 망설였던 그의 행동에 좀

영화 〈아무도 없는 곳〉에서 '시선'의 의미는
꽤 중요하면서도 강조되는 모습인데,
창석이 자신의 이야기를 가꿔나가는 과정에서
그를 둘러싼 여러 인물에 대한 그의 시선이
결정적 역할을 하기 때문이다.

더 힘을 실어주는 대목이다. 카메라는 그가 다녀간 여러 장소를 빠르게 넘기며 그의 행적과 고민을 다시 한번 관객들에게 되새기지만, 청산가리 앞에서 흔들리는 그의 마지막 고민과 함께 그의 모습을 보다 명료하게 묘사할 줄 안다. 결국, 그가 만난 여러 인물은 과거의 자신과 현재의 자신을 이어주는 일종의 수식어로 대변되고, 이는 마지막 장면에서 커다란 그림을 그리는 것으로 화면은 처음의 그것을 강하게 터뜨려 버리게 된다.

영화 〈아무도 없는 곳〉에서 '시선'의 의미는 꽤 중요하면서도 강조되는 모습인데, 창석이 자신의 이야기를 가꿔나가는 과정에서 그를 둘러싼 여러 인물에 대한 그의 시선이 결정적 역할을 하기 때문이다. 결국, 그가 만난 인물들은 과거의 모습과 현재의 모습을 잇는 중요한 거울로 대변된다. 이들을 통해 그의 생각은 흔들리거나 때로는 점점 구체화 되는 듯하다. 하지만 결국 지나간 모든 것들이 스스로의 자리에서 하나의 형상을 이루지는 못한 채 결국 과거의 끈을 놓아야 할 이유를 가지는 모습을 비추는 것만 같다. 창석도 결국 그들과 똑같은 마음으로 그랬던 거다. 그가 다시 공중전화 앞에 서서 아내에게 힘겨운 전화를 걸었던 것도 그가 지나온 그 모든 장소의 흔적을 딛고 일어서는 용기에서였다. 이처럼 존재하는 것과 존재하지 않는 것을 바라보는 시선을 한 꺼풀씩 벗겨내는 게 김종관 감독이 제시한 숙제로 남아 어느새 생각을 더욱 깊게 기울이게 되고 말았다.

기묘한 조합,
더 기묘한 여행

후쿠오카 Fukuoka, 2019

꿈을 꾸고 나면 잔상이 심하게 남는다. 꿈속에서 죽을 것 같이 달려들던 모든 것들이 막상 눈을 뜨고 나면 아무것도 아닌 채로 허무하게 사라지기도 한다. '공수래공수거'라는 말처럼 살아가면서 목숨을 걸고 덤벼드는 모든 일이 한낱 잔상에 지나지 않음을 깨닫게 될 때, 그토록 바라던 갈망에 대한 무게는 고스란히 덜어진다. 진가상, 고림표 두 감독이 연출한 영화 〈화벽〉(2011)은 인간들이 꿈꾸는 선계, 즉 선녀들이 살아가는 세계에 대한 인간의 갈망을 그려냈다. 영화는 사랑을 주제로 그 무게와 책임이 어떤 것인지를 보는 이로 하여금 아름답게 이해될 수 있도록 묘사했지만, 이를 달리 해석하면 사랑뿐만 아니라 인간이 가진 원초적인 욕망, 그 자체에 관한 얘기를 표현했다고 볼 수 있다. 아름다운 선녀를 향한 인간의 마음도 어찌 보면 사랑이 덧씌워진 욕망이지만, 그 욕망조차 껍질을 벗겨내고 나면 인간으로서 가져야 할 인격과 책임이 어떤 것인지, 가장 기본적인 욕망인 사랑에 엄청난 무게가 존재하고 있음을 마치 돌려 얘기하는 것 같다.

장률 감독의 영화는 언제나 어려웠다. 특히 〈경주〉(2013)가 내게는 더욱 그랬던 것 같다. 이야기는 잔잔하게 밀려들지만, 그 색깔을 찾기가 힘들어 보는 내내 백지를 쳐다보는 기분이었다. 어지간해서 영화를 볼 때 조는 경향이 없음에도 불구하고, 나름 밀려오는 졸음을 쫓느라 손짓, 발짓 다 섞었던 기억이다. 그래서 이 영화도 두려운 마음을 한껏 머금고 달려들었다. 오히려 시작부터 생각할 거리를 여기저기 마구 흩뿌려놓아 걱정했던 것만큼 졸음을 쫓을 필요는 없었지만 말이다. 다만, 문제의 보기를 내놓고 마지막까지 답을 알려주지 않는 느낌. 이 때문에 찝찝한 마음을 감추기가 어려웠다. 영화 〈후쿠오카〉(2020)

는 딱 그런 영화이다. 영화를 보는 이들이 이 방향 저 방향으로 정답 맞히기에 정신없지만 결국에는 그 정답을 듣지도 못한 채 시험이 마무리되는 그런 느낌 말이다. 이 느낌에 적응하고 있다면 아마도 장률 감독의 스타일에 딱 알맞은 관객이 아닐까 싶다.

영화는 보이는 색감 그대로 깔끔하고 간결하다. 대학 선후배 사이인 해효(권해효 분)와 제문(윤제문 분)은 28년 전 대학에서 만난 순이를 두고 사랑 다툼을 벌였다. 묘령의 여인 순이는 두 사람 사이에서 어떤 선택도 하지 못한 채 학교를 자퇴하고 그들을 떠나 버렸다. 그렇게 남은 두 사람은 서로에 대한 원망을 삭이지 못한 채, 해효는 순이의 고향인 일본 후쿠오카에서 술집을 운영하고, 제문은 순이가 자주 들렀던 서점을 운영하며 오랜 시간 정신적 방황에 빠져 살고 있다. 영화는 어느 날 스무 살 안팎의 소담(박소담 분)이 제문 앞에 나타나 후쿠오카로 여행을 떠나자고 제안하게 되면서 그 여정을 시작한다. 이야기는 처음부터 물음표를 가득 안은 채 시작된다. 스무 살을 갓 넘긴 소담이 교복을 입고 있는 모습에서부터 갑자기 등장한 그녀의 여행 제의를 제문이 어떻게 선뜻 수락하고 함께 후쿠오카로 건너가게 되었는지 등 말이다.

언뜻 보면 말은 되는 것 같지만, 그런데도 기본적인 상식선을 벗어난 이야기 흐름이 계속해서 이어져 관객들에게 숙제를 던진다. 이야기를 해석하려면 이 모호한 구조부터 풀이하라는 식으로 말이다. 이 때문에 평소 다양한 영화를 접해왔던 관객이라면 누구나 해효와 제문과의 관계를 이어주는 소담에 대한 의문을 제기할 수 있겠다. 일본어와 중국어를 하지 못하는 소담이 현지인과 너무나 자연스럽게 대화를 하는 모습에서, 어느 순간 사라졌다가 갑자기 나타나는 등 신출귀몰한 그녀의 모습에서, 어쩌면 그녀가 귀신이라도 되는 걸까 하고 적절한 해답을 던져보는 거다. 하지만 장률 감독은 자신이 제시한 이런 기제들이 사람들에게 기존의 영화에서 답습해왔던 방식 그대로 따라오기를 원하지는 않은 듯 보인다. 영화를 계속 읽다 보면 영화 〈후쿠오카〉 속 모든 기제는 영화를 눈에 보이는 그대로 해석하고 답을 내려 하기보다는, 하나하나의 의문점조차 이야기 속에 고스란히 묻혀 담아내기를 표현하고 있다는 생각 때문이다.

그들의 여정을 가만히 들여다보면, 순이를 가운데 두고 이어지는 해효와 제문 간의 연결고리 상에 애초부터 소담이 위치할 자리가 없었음을 쉽게 알 수 있다. 다시 말해, 소담의 역할은 애초부터 두 사람 사이에서 마치 순이의 존재와 같이 둘을 이어주고 두 사람이 오랫동안 가슴속에 묻어왔던 응어리를 해소시켜 줄 역할만을 맡고 있었던 거다. 이러한 이해 속에서 그녀의 정체가 과연 무엇인지 이것만 파고드는 것보다 오히려 영화가 펼쳐놓는 이야기가 무궁무진해 거기에 빠져들기만 해도 너무나 깔끔하고 담백한 기분을 받아들일 수 있을 것 같다. 결국, 이 영화는 해효와 제문 두 사람이 만들고 두 사람이 풀어낼 이야기이다. 이런 그들의 마음을 이어가고자 카메라는 빠르게 서울의 정은서점에서부터 후쿠오카의 술집으로 동선을 서둘러 움직인다. 여기에 두 사람이 들르는 커피점, 이리에 서점, 우동집 등 모든 곳곳의 후쿠오카의 배경들이 제각각의 색깔을 가지고 있음은, 그들의 오래된 마음이 대화를 통해 해소되는 공간으로 작용한다. 언제나 그렇듯

이 영화는 이처럼 '추억'을 끄집어내고 '추억'을 다듬어내는 색감이 강하다.
어디까지가 현실이고 어디가 가짜인지, 즉 누가 귀신이고
누가 현실 속 실재인물인지를 찾는 게 중요한 게 아니라,
순이라는 인물을 가슴 속에 품고 28년간 각자의 인생을 살아온
두 사람이 만나 어떻게 응어리를 풀어낼지를
제3의 시각에서 표현하고 있다고 볼 수 있겠다.

소담은 둘을 이어주고 대화를 이어가게 만드는 역할을 자처한다. 그 속에서 그녀를 눈에 보이는 그대로 받아들이는 두 사람의 모습은 한편으로는 어색하지만, 한편으로는 꽤 자연스럽기도 하다.

이 영화는 이처럼 '추억'을 끄집어내고 '추억'을 다듬어내는 색감이 강하다. 어디까지가 현실이고 어디가 가짜인지, 즉 누가 귀신이고 누가 현실 속 실재인물인지를 찾는 게 중요한 게 아니라, 순이라는 인물을 가슴 속에 품고 28년간 각자의 인생을 살아온 두 사람이 만나 어떻게 응어리를 풀어낼지를 제3의 시각에서 표현하고 있다고 볼 수 있겠다. 이리에 서점에서 만난 작은 인형은 28년 전 순이에게 두고 온 두 사람의 미련이자 그리움이었다. 계속해서 끄집어내려 했지만, 손에 닿을 듯 닿지 않는 인형의 자리는 술집과 우동집, 후쿠오카 거리와 철탑 등으로 자리를 하나씩 옮겨가며 두 사람의 응어리가 풀어지는 어느 시점에서 자연스럽게 비워지게 된다. 여기에 소담과 이리에 서점 주인(야마모토 유키 분) 간의 키스는 두 사람이 과거의 순이에게 보내는 마지막 작별 인사다. 결국, 그들도 계속해서 그들을 따라다니던 철탑의 흔적에서 벗어나고 싶어 했던 거다. 소담이 미련처럼 남아있던 인형을 맡기고 독약 통에서 꺼낸 사탕을 입에 넣는 순간, 인형이 움직이는 모습을 비추며 그들은 비로소 꿈에서 깨어날 수 있었다. 이러한 표현은 결국 하나의 기호로 대변되는 새로운 소통의 연결고리를 만드는 장면으로 이해될 수 있다.

영화 〈후쿠오카〉는 유형과 무형의 형태로 표현된 각각의 형상이 어떠한 기제를 통해 소통하고 있는지를 사회적인 시선에서 제대로 지적한 작품이라는 생각이다. 사실 오랫동안 우리 영화가 표현한 소통에 대한 정서적 공감대는 단순하고 표면적인 형태에 그칠 뿐, 인물과 서사가 하나의 기호 그 자체로서 내면적인 영역을 완벽하게 차지하지는 못한 게 사실이다. 그런데도 이 영화 속에서 제시되는 각각의 인물은 자신의 영역 내에서 적절한 기표와 기의를 통해 제각기 소통의 경계가 무너진 자신의 아픈 구석을 제대로 지적할 줄 안다. 사랑할 기회마저 놓치고 만 해효와 제문의 무거운 삶의 뒷면에 대한 장률 감독의 이야기는 과거보다 이제 막 시작될 현재, 그리고 미래에 대한 그림을 그려내고 있는 듯하다. 소담이 두 사람 사이에서 그 가교 구실을 해줄 수 있었듯이 그들의 결정은 멀리 돌아온 것처럼 그리 어려운 게 아니었기에, 이를 통해 다시 한번 희망을 보여줄 수 있다면 장률 감독의 메시지는 그것만으로도 성공한 게 아닌가 싶다.

그저 이기기만 하기 위한 싸움이 아닌

킹메이커 Kingmaker, 2021

지금은 다시 찾아온 갈등의 시대다. 갈등이 곧 사회를 채우고 사람들의 혼돈을 야기한다. 이러한 세태는 정치에서도, 실익을 추구하는 경제에서도, 심지어 세계 평화에 대한 이바지를 목적으로 하는 올림픽에서도 쉽게 찾아보게 된다. 알고 보면 개인의 인생도 이처럼 사람들 간의 갈등을 통해 비우고 채워진다고 볼 수 있다. 이렇게 보면 갈등은 사회 속에서 다양한 형태로 공존하고 개인은 물론 사회 또한 갈등을 통한 소통을 기반으로 성장하고 발전하는 것 같다. 사실 이러한 이유로 갈등은 영화 속 주제로도 많이 사용되는데, 여러 개성의 캐릭터를 대표군으로 끄집어내어 다양한 형태의 이야기를 펼치는 서사의 특징 때문이 아닐까 싶다.

여기 한 시대에 제각기 다른 이상을 꿈꾸는 두 명의 인물이 있다. 한 명은 표면적인 인물로 실질적인 무게를 지녔다. 이는 영화 속에서 매우 중요한 역할을 하지만 그런데도 주어진 상황마다 어떤 면에서 선택권을 갖진 못한다. 또 다른 한 명은 개척자이다. 스스로 화면을 비집고 들어가 기어코 자신이 원하는 그림을 그리는 인물이다. 그렇기에 그림자처럼 뒤에 숨어 있으면서도 커다란 영향력을 가진 자로 등장한다. 영화는 붙인 타이틀 그대로 하나의 '왕'을 만들기 위해 노력하는 실질적 조력자를 대표적인 인물로 내세웠다. 그런데도 이 작품은 단지 한 인물의 결말을 좇기에는 다소 힘에 부치는 모양을 띤다. 그 이유는 영화가 얘기하고자 하는 역사의 이야기 자체가 그림자가 아닌 주인공을 스스로 내세우고 있어서다.

그러니까 쉽게 말해 이 영화 〈킹메이커〉(2022)는 전하고자 하는 사연만으로 관객에게 메시지를 부각시킬 뿐,

그 이상의 의미를 담기에는 애초부터 부족한 설정을 타고 났다고 볼 수 있다. 합동연설회 신scene에서 김운범(설경구 분) 후보가 연설할 때 카메라 샷은 목포 앞바다를 배경으로 화면을 가득 채우는 클로즈업을 시도한다. 여기서 우리는 꽉 찬 클로즈업 자체에 주목할 필요가 있다. 결국 영화가 하고자 하는 말은 주역인 김운범을 통해 드러난다는 결론을 처음부터 드러내고 있다는 사실이다. 이를 확인하고 이해하게 되는 건 바로 이어지는 다음 신scene을 통해서다. 서창대(이선균 분)를 회유하기 위해 김부장(윤경호 분)과 이실장(조우진 분)이 그의 집을 방문하는 바로 그 장면이다. 여기서 그들의 제안을 거절한 서창대에게 이실장이 마지막 말을 남기고 돌아서는 순간, 카메라는 서창대의 표정을 무심하게 클로즈업한다. 그리고 화면은 너무나 거칠게도 이 부분에서 페이드아웃을 시도하며 장면을 뒤로 넘긴다.

분명 영화가 얘기하고자 한 역사의 주연은 김운범인데, 여기서 화면은 꽤 세밀하게 '킹메이커'라는 수식어를 달고 나온 서창대의 감정을 읽으려 애쓰는 모습이다. 이

때부터 관객의 시선은 좌우로 나뉠 수밖에 없다. 김운범의 내면과 더불어 킹메이커를 자처하고 화면을 비집고 튀어나오는 서창대의 속내까지도 들여다봐야 하는 부담감이 주어지는 이유 때문이다. 이처럼 이 작품은 유독 인물의 심리를 읽어내기 위한 클로즈업을 자주 사용하며 두 인물 간 무게의 중심을 이리저리 옮겨댄다. 카메라 움직임이 상하좌우 수평적으로 움직이는데 머물지 않고 입체적으로 관객을 들었다 놨다 하는 덕에, 인물의 표정과 심리, 그리고 향후 이야기의 전개를 읽기가 무척 용이한 편이다. 이는 김운범뿐만 아니라 타이틀을 표면적으로 담아내고 있는 서창대라는 인물 또한 마찬가지이지만 말이다.

그렇기 때문에 이야기 속에서 두 인물이 어떻게 호흡을 주고받으며 어려운 상황을 개척하는가에 영화가 주는 이야기의 재미가 존재한다고 볼 수 있다. 물론, 이 이야기가 허구를 주장하지만 실화를 감안한, 그리고 실존 인물로 추정되는 인물에게 주목하는 목적과 색깔이 분명하다고 해도 그렇다. 서창대가 이한상(이해영 분) 의원을 회유하기 위해 건넨 월간지 '흑막과 진실'은 영화의 주제를 온몸으로 맞고 있는 소재가 아닐 수 없다. 표지에 쓰여 있는 '두 여자와 일주일 동안 제주도 여행하기'라든가, 전화번호가 남겨진 페이지를 배경으로 채워주는 '성공한 남자의 상징 ABC포마드' 광고 또한 이러한 의미를 보태주는 역할이다. 서창대가 눈에 잘 보이지 않는 그림자 역할을 벗어나 서서히 그 색을 짙게 만드는 것도 바로 이 장면 이후부터라고 볼 수 있을 것이다.

"빛이 세질수록 그림자가 짙어지는 게 당연한 것."이라고 내뱉는 그의 혼잣말은 그의 속내를 보다 구체화하기 시작한 시기라고 볼 수 있겠다. 영화 속에서 서창대의 담배가 입에 문 채로 담뱃불을 붙이지 못하는 순간은 딱 두 번 등장한다. 첫 번째는 국회의원 선거를 앞두고 김영호(유재명 분) 의원과 이한상 의원 사이에 끼여 박보좌관(김성오 분)과 다툴 때, 두 번째는 신민당 대통령 후보 공천대회에서 투표를 시작하는 순간이다. 모두가 그의 속내가 겉으로 감춰지거나 아직 채 영글기 전 그의 야망이 불을 붙이지 못하고 있음을 애써 화면으로 돌려 표현하고 있는 게 아닌가 생각된다. 이처럼 영화는 여러 신scene에서 다양한 갈등을 만들어 두 인물을 교묘하게 겹치도록 만든다. 말 그대로 전혀 다른 모습을 보인 캐릭터를 서서히 유사한 듯 동일시해 이 둘이 어떤 과정으로 다른 노선을 향해 달려가는지를 구체적으로 서술하고자 하는 목적이 있다는 얘기이다.

이러한 주장은 공천대회에서 승리한 후 김운범이 연설하던 장면을 서창대가 따라 외치는 두 사람의 술자리 장면과 급격하게 맞물리며 가장 잘 드러난다. 여기서 그는 김운범으로부터 공천받을 준비를 하라는 얘기를 듣고, 이 장면 이후부터 머리에 포마드를 바르기 시작한다. 그러니까 포마드를 바르기 전과 바른 후의 캐릭터가 절묘하게 구분되면서도 앞의 월간지에 쓰인 광고 문구를 통해 그의 변신이 시작될 것을 제대로 암시하고 있는 장면이 되고 있다는 얘기이다. 영화를 보고 있으면 또 한 번의 페이드아웃을 발견할 수 있는데, 이는 김운범이 대통령 후보가 된 이후 TV 인터뷰에서 향토예비군 폐지 공약에 대한 답변 과정을 통해 화면이 칼라에서 흑백으로, 이윽고 꺼진 TV 화면으로 이어지는 장면에서 나타난다. 결국 또 다른 갈등이 야기될 것임을 암시하는 이 영화만의 독특한 표현 방식이라고 할 수 있겠다.

영화 〈킹메이커〉가 드러내는 메시지는 간결하면서도 명료하다. 그건 마무리를 향해 달려가는 신scene에서 갈등이 최고조가 되는 두 사람 간의 대화에서 강하게 강조된다. "수단이 목적을 삼켜버리면 나라 팔아먹는 것도 독재하는 것 마냥 합리화된다."라는 김운범의 한 마디가 바로 그것이다. 영화는 결국 마지막에 이르러서야 두 인물을 나눠 조명한 카메라 샷을 조용히 거두고 어느 쪽에 더욱 무게가 실려 있는지, 무엇이 진정으로 하고자 했던 말인지를 깊숙한 곳에서 끌어낼 줄 안다. 마지막에 들어서 남북관계, 영호남 대립 등을 제시하고 있는 것도 그러한 이유 때문이 아닌가 생각된다. 서창대의 마지막 걸음이 뚜벅 소리와 더불어 입체적으로 표현되는 것, 그리고 마지막으로 제시된 페이드아웃이 마치 그가 온몸으로 감싸안고 있었던 그림자를 지워내는 것처럼 그려낸 부분에서 우리는 이 의미를 너무나 쉽게 알 수 있을 것이다. 정치는 그가 말한 것처럼, 그저 이기기만 하기 위한 싸움이 아니라, 지지 않기 위해 묵묵히 걸어가야 하는 거란 사실, 그것 말이다.

주저함을 둘러싼 파리의 모든 것

비포선셋 Before Sunset, 2004

누군가의 발걸음을 지긋이 좇다 보면, 어느새 그 발자국이 닿는 곳곳과 색깔, 때로는 그 사람의 내음이 물씬 풍기는 순간을 발견하게 된다. 그건 굳이 드러내려 하지 않더라도, 꽤 구체적이고 짙은 향기를 풍긴다. 애써 표현하지 않아도 자연스레 눈에 띄고 애써 언급하지 않아도 사람들의 입가에 묻어나오는 그 진한 내음이, 어느 영화 속 주인공들의 발걸음에 조금씩 촉촉하게 담긴다. 사실 영화를 볼 때면 그 영화의 원제와 포스터, 이야기의 깊이와 강약 등을 중요시하지만, 일단 영화를 보기 시작하면 이보다 이야기의 배경이 되는 다양한 구도와 배치가 깊은 눈썰미를 더하는 점에 좀 더 주목하곤 한다. 이를테면, 신scene과 신을 잇는 단순한 동작 하나에도, 숏과 숏을 연결하는 사소한 행위 하나까지도 말이다. 카메라의 시선에 있어 '그냥'이란 건 없다. 누군가의 '등'을 내보이는 것 또한 배우가 '뒷모습'을 통해 연기를 하고 있어서다. 그녀가 펑펑 울어 젖히며 실연의 아픔을 쏟아내고 있는 와중에도, 그 사연을 보듬어 안아주고 들어주는 이의 안쓰러운 눈빛과 손가락 마디 사이의 작은 떨림까지도. 카메라는 관객이 미처 응시하지 못한 찰나의 순간을 언제나 스쳐 지나간다. 영화는 그런 거다. 우리의 삶을 담아내고 그 인생 하나하나를 통해 나름의 이유와 가치를 쏟아내고 있으니 말이다. 서스펜스와 스릴, 공포와 코미디, 액션이 풍기는 장르도 좋지만, 사실 알고 보면 삶이라는 게 이 모든 단어를 언제나 품어내고 있지 않을까. 인생은 어떤 면에서 스릴 있고 긴장 가득한 장면을 연출하며, 때론 추격전 못지않은 속도감을 드러내다가, 한편으로 무섭고 또 다른 면에서 왁자지껄 웃긴 재미를 선사하기도 하니까. 우리 삶은 그래서 모두가 바로 '영화'다. 영화 〈비포(Before)〉 트릴로지(Trilogy)의 한가운데를 이어주는 영화 〈비포 선셋〉

(2004)은 그런 점에서 관객에게 인생의 묵직한 한방을 선사한다.

제시(에단 호크 분)와 셀린(줄리 델피 분)은 오랜 잊힘 끝에 프랑스 파리에서 재회하며 못다 한 그들의 삶을 서로에게 끄집어낼 기회를 얻는다. 영화는 서로에 대해 남아 있던 사랑의 아쉬움과 미련마저 입가에 그리고 그들의 발걸음에 남겨둘 줄 안다. 어떤 면에서 그들의 서로에 대한 감정과 함께 나눴던 하룻밤의 추억이 센강을 배경 삼아 파리 곳곳을 통해 더욱 짙은 색채를 드러내는 기분이다. 바로 이 점이 영화를 보다 가치 있는 작품으로 만드는 가장 커다란 이유가 아닐까 싶다. 오스트리아 빈에서 이별을 나눴던 두 사람은 6개월 뒤 다시 한번 재회를 약속하지만, 그 약속은 이뤄지지 못한다. 약 9년의 세월이 흐른 후, 두 사람은 프랑스 파리의 한 서점에서 우연히 재회하게 된다. '셰익스피어&컴퍼니'라는 이름을 가진 이 서점은 파리의 노트르담 사원 아래에 있는 곳이다. 2차 세계대전이 끝난 뒤 고국으로 돌아가기 싫었던 한 미국인이 1951년 문을 연 영문 서적을 판매하는 공간이다. 그는 이곳을 파리의 젊은 예술가들을 위한 공간으로 할애하고자 서점 내 잠자리까지 만들어 그들을 위한 지원을 아끼지 않았다. 영화 속에서는 제시가 이곳에서 하룻밤을 묵고 소설가로서 저자와 독자들과의 만남의 시간을 가지는 장소로 표현된다. 이 장면에서 제시는 '자신이 특별한 우여곡절의 사건을 겪진 않았지만, 인생에 한 사람을 만나 그녀와의 멋진 삶을 꿈꾸고 이를 가치 있는 시간으로 살아가는 것이 곧 드라마와 같은 삶'이라고 얘기한다. 이는 곧 셀린과의 하룻밤을 토대로 쓴 자신의 작품과 이어지며, 그녀와의 재회에 의미 있는 데코레이션을 얹게 되는 부분으로 나타난다고 할 수 있겠다.

이 작품에서 그들이 파리 곳곳을 걸으며 나누는 '대화'는 무척 중요한 의미를 지닌다. 장면을 끊지 않고 하나씩 이어 붙여 가며 만들어 낸 그 장면은 롱 테이크인 듯, 숏과 숏 사이의 공간을 절묘하게 이어가기 때문이다. 마치 파리의 거리 곳곳을 속속들이 훑어 내리는 그들을 둘러싼 그 배경은 이 영화의 가장 커다란 백미가 된다. 사실 그들의 대화에 빠져드는 것도 영화의 중요한 요소이지만,

이 영화 〈비포 선셋〉은 '사랑'을 묘사하는 수많은 단어가 단지 두 사람만의 전유물이 아니라는 듯 강한 어조로 외쳐댄다. "당신들의 사랑이 완성되는 이곳이 바로 '파리'!"라고 말이다.

카메라의 사각형에 담긴 도시 곳곳의 아름다움이 하나의 영화를 '영화' 그 자체로서 묘사하는 것처럼 보일 정도다. 어쩌면 이는 그들의 감정을 제대로 담아낼 하나의 메시지를 드러내는 듯하다. 가만히 귀 기울여보면 특별한 OST 하나 없이도 거리의 사소한 사운드, 사람들의 재잘거리는 소리, 지나가는 자동차 엔진소리, 센강 물결의 출렁임, 다닥다닥 혹은 터벅터벅 그들의 발걸음에 이르기까지. 듣기 싫은 '소음'이 아닌 한 장면 한 장면을 아름답게 꾸며주는 도시 그 자체를 마치 한 폭의 수채화처럼 이미지로 형성해 아주 세심한 '백색 소음'의 터치로 그려내고 있음을 이해하게 된다. 두 사람이 '생 폴 생 루이 교회(Eglise Saint-Paul Saint-Louis)'를 스쳐지나 목적지인 '르 퓌르 카페(Le Pure Cafe)'로 들어섰을 때의 그 느낌은, 잔잔하고 아늑해 보여도 마치 히말라야 등정에 성공한 직후의 호흡과 결을 같이 하는 듯하다. 정상에서 직접 보고 느낄 수 있는 경치와 벅찬 감격의 그것처럼 말이다. 이는 둘 사이에서 쏟아져 나올 수 있는 여러 감정이 교차하며 쌓여가고 표출되는 시너지를 기대할 수 있기 때문이 아닐까 싶다. 그들이 '파리'라는 도시와 함께 숨 쉬며 뿜어내는 이와 같은 분위기는 사랑에 대한 상실, 재생, 그리고 그리움을 이끄는 파리의 그것과 너무나도 잘 어울린다. '바스티유 광장'에서 '뱅센 숲'으로 자리를 옮겨가며 나누는 하룻밤 추억을 나누는 소소한 대화, 그리고 센강 유람선을 통해 비추는 풍경과 그들에게 어울리는 시(poem)를 지어주겠다는 거리 예술가의 제안까지. 이 영화 〈비포 선셋〉은 '사랑'을 묘사하는 수많은 단어가 단지 두 사람만의 전유물이 아니라는 듯 강한 어조로 외쳐댄다. "당신들의 사랑이 완성되는 이곳이 바로 '파리'!"라고 말이다.

사실 두 사람은 오래전부터 자신이 처한 환경으로부터의 구속을 벗어나고 싶어 했다. 해묵은 일상은 그들의 삶을 피로에 찌들게 했고 습하고 눅눅해진 오랜 필름을 꺼내어 깨끗한 부분만을 오려내고 싶었을 거다. 그래서 첫 만남 이후 오랜 세월이 흘렀음에도 불구하고 마치 어제 만났던 것처럼 둘의 이야기는 계속해서 자연스럽게 이어질 수 있었다. 예전처럼 기약 없는 이별을 여전히 앞두고 있지만, 그 미련을 놓지 못하고 끝까지 망설이면서 말이다. 이 작품의 매력은 제한된 현실적 충돌에 흔들리는 서로를 향한 주저함이다. 살아가면서 누구나 겪게 되는 제약의 그것은 뼈저리게 사무칠 수 있는 후회로 남아 개인의 삶을 옭매어 간다는 점에서 '파리'라는 도시는 그렇게 강한 색채를 띠고 그들의 뒷모습에 응원을 보낸다. 청춘의 매력은 그저 사라진 흔적에 불과한 것일까. 좁은 레코드 가게의 감상실에서 느꼈던 감정, 거리의 부랑자가 만들어 준 시 한 구절, 점쟁이가 놓고 간 손금 결과, 그들이 함께 나눈 하룻밤의 뜨거운 사랑, 이 모든 것들이 하나씩 하나씩 나를 채워주고 우리를 기억하게 만든다. 영화 〈비포 선셋〉은 지금 파리의 그 모습처럼 언제 어디에서든 우리를 그곳으로 끌어당긴다. 애틋한 그들의 뒷모습, 그게 바로 우리의 뒷모습이 아닐까.

남녀의 이상은 자신을 향한다

그녀 Her, 2013

현대 사회 속 매체의 발달은 인간으로서 늘 마주해야 하는 '소통'의 부재를 이슈로 떠오르게 만든다. 이를 대체하는 적절한 수단으로 다양한 형태의 '소셜 네트워크(Social Network)'가 새롭게 주목받고 있기도 하지만, 결국에는 사람과 사람 사이의 대면 관계에서 발생하는 눈에 보이지 않는 감정의 공유, 그것의 부재가 결코 무시하지 못하는 이유가 되기도 한다. 한편으로 스마트폰과 같은 개인화된 도구의 발달이 앞서 언급한 소셜 네트워크와 같은 새로운 소통 수단을 창조한다는 점에서, 오히려 이는 소통의 부재라기보다는 소통의 활성화 또는 소통의 다양화로 이어진다는 목소리도 있다. 어떤 면에서 이 또한 결코 무시하지 못할 의견이지만, 새로운 형태의 소통이 우리 사회에 어떤 변화를 가져오고 또 어떤 장단점을 만들어내고 있는지를 살펴봐야 할 새로운 담론의 주제 거리가 일상에 던져졌다는 사실은 분명한 것 같다.

특히, '영화'라는 매체는 그 주제의 범위가 제한적이지 않아 이와 같은 사회적 이슈를 쉽게 도마 위에 올릴 줄 안다. 영화 속에서 소셜 네트워크의 장단점을 강하게 지적한 작품은 당연히 제시 아이젠버그가 열연하고 데이빗 핀처 감독이 연출한 〈소셜 네트워크〉(2010)를 가장 먼저 떠올릴 수 있을 것이다. 여기에 엠마 왓슨 주연, 제임스 폰솔트 감독 연출의 〈더 서클〉(2017)도 이에 못지않은 인상을 남기기도 했다. 두 작품 모두 '소셜 네트워크'가 개인 간 소통을 활성화한다는 데에 이견이 없지만, 문제는 이로 인한 개인의 사생활 침해, 그리고 이를 통한 범죄의 발생이라는 익숙지 않은 파생적인 문제점이 나타날 수도 있음을 강하게 경고한다. '구더기 무서워 장 못 담그랴.'라는 말처럼 당연히 부작용은 부작용대로 해소해야 할 숙제에 해당하지만, 이 때문에 매체의 기능을 배제하는 건 현대 사회의 디지털 혁명 자체를 거부하는 것과 같다. 영화는 이조차 우리가 주목해야 할 그리고 해소해야 할 부분이라는 점을 언급하며 사회 속 하나의 현상으로 이들을 어렵게 결론짓는다.

영화 〈그녀〉(2013)도 이와 마찬가지로 유사한 주제를 다룬다. 다만 여기서는 미디어의 파생적인 단점을 직접적으로 주장하지 않고 주인공 테오도르(호아킨 피닉스 분)의 생활과 절망에 빠진 감정의 표현을 통해 영화를 접하는 관객의 공감과 동조를 유도한다는 차이가 있다. 표면적으로는 인간의 외로움과 소통의 부재를 단편적으로 해석하려 들지만, 오히려 테오도르의 생활과 태도는 아내와의 별거 중에도 외롭다기보다는 인공지능 사만다(스칼렛 조핸슨 분)에 대한 소유욕에 사로잡혀 버리는 모습을 보여준다는 특징을 가진다. 그는 자기 일, 즉 고객의 편지를 대신 작성해주는 '대필작가'로서의 업무적 특성답게 감정 공유의 폭을 넓히는 일에 매우 익숙한 편이다. 그래서 외로움에 스스로 단련되어 있고 자신의 감정을 쉽게 다스릴 줄 아는 인물로 소개된다. 하지만 화면에 나타나는 그의 일상은 어찌 보면 외롭고, 다른 시각에서 자신을 구석의 극단으로 내모는 단면을 보이기도 하는데, 이는 자신의 정체성에 대한 의구심이 표면적으로 드러난 모습이다.

알고 보면, 그는 객관적인 관객의 시선에서 결코 외로운 게 아니었다. 아내와의 대화, 그리고 감정의 공유가 단절되었다 한들 그를 둘러싼 친구들과 주변 인물들이 여전히 그와 공감대를 쌓아가고 있으며, 사만다와 같은 인공지능 미디어가 제시하는 가상 세계는 그가 적절한 여가를 즐길 수 있도록 충분히 돕고 있는 모습으로 나타나기 때문이다. 그런데도 그가 현실을 외면하고 사만다에게 점점 빠져들게 됨은, 단지 미디어의 폐해를 주장하기 위한 그림이 아닌 오히려 미디어와 현실이 공존하는 삶의 정의를 제대로 주장하고자 하는 감독의 연출 의도가 존재한다고 보는 게 맞겠다. 사실 사랑에 대한 정의는 오래전부터 지역과 지역 사이에, 시대와 시대 사이에, 계층과 계층 사이를 통해 여러 단계로 쪼개어 구분되고는 했다. 결국, 사랑은 지금, 이 순간에도 그 모습을 변화시키고 있으며 주인공 테오도르는 그 사랑에 대한 인식을 화면을 통해 배워 나가는 중이라고 해석하는 게 맞겠다.

사만다는 소통이 끊어진 아내를 대체할 새로운 형태의 '그녀'가 아닌, 사랑의 의미를 제대로 전해줄 수 있도록 만들어진 일종의 학습 도구인 거다. 카메라는 긴 러닝타임 내내 테오도르의 단독 숏을 다양한 각도에서 비추는데, 이를테면 정면에서 바라본 그의 얼굴과 상반신, 어깨너머로 비친 뒷모습, 엘리베이터를 타고 집으로 향하는 그의 풀숏 등, 이 모두가 제각기 그의 감정 이동의 방향을 읽어내기 위한 시도라고 이해된다. 그는 영화의 초반에는 아내와의 대화 단절로 깊은 외로움을 표현하다가도, 사만다를 접하게 되면서부터 이를 이용한 대리 만족에 호기심을 가졌고, 시간이 흐를수록 사만다를 이용한 사랑의 대체 감정으로, 그렇게 그녀와 '사랑'이 아닌, 그녀를 '소유'하고 싶어한 것으로 보인다. 결국, 화면은 현대 사회 속 사랑의 의미가 남녀 사이에서 어떤 방향으로 변질되어 가는지를 다시 한번 강조하고 있었던 셈이다.

여기에 하나를 보태자면, 스스로 생각하고 느끼는 인공지능 운영체제 '사만다'는 실제 연인을 대신해주는 매개체로 사용되고 있기보다는, 그렇게 느끼게끔 만들어 준, 아니 다른 의미로 본인이 원하는 방향으로 응대해주는 인형과 같은 존재로 표현됐다는 해석도 가능하다 할 수 있다. 그녀는 테오도르의 말투와 표정을 읽어내고 그의 모든 생활방식을 맞춰줬으며, 그가 화가 나면 달래주고 그가 심심하면 기분을 밝게 이끌어주는 등, 그의 일거수일투족을 모조리 파악하며 그의 요구와 욕구를 충족시켜줬기 때문이다. 이 점에서 그녀는 하나의 개성 강한 연인으로의 역할보다 인공지능 그 자체의 역할에 충실했다고 볼 수 있겠다. 물론, 테오도르는 사만다를 통해 별거 중인 아내로 인한 생긴 상처를 회복하고 진정한 행복을 찾는 모습을 비쳤지만, 그게 과연 서두에서 언급한 근본적인 소통의 부재를 해결하고 만족시켜줄 수 있었을까?

미래 사회가 반드시 우리가 기대하는 방향대로 변화하고 발전하는 건 아닐 테다. 하지만 적어도 우리가 바라는 미래는 지금보다 더 나은 현재를 만들어야 한다는 이상을 갖고 있음은 모두가 공감하는 부분일 것이다. 영화 속에서 표현된 '사만다'와 같은 인공지능의 발달은 우리의 생활과 우리의 부족한 부분을 채워주기에 충분하지만, 그 가운데에서도 '인간'이라는 아직도 과학이 모든 걸 파헤치지 못한 신비하고 오묘한 색채의 거대한 인격체를 우리는 좀 더 알아가고 이해할 필요가 있다. 우리가 원하는 '소통'의 제대로 된 정의는 내가 원하고 바라는 시각을 담은 시선으로 서로가 한 방향을 바라보는 게 아니라, 자기 자신의 모습을 바라보고 이해하는 것에서부터 시작해야 하는 게 아닐까.

그녀의 흔적은 우리의 성장을 돕는다

그리고 방행자

They kill my mother, 2021

한 사람의 일생은 일방적이지만은 않다. 부딪히고 찢기고 색이 바래 가는 가운데서도 치열하게 익어가는 정도가 평생을 살아온 과정을 적절히 꾸며준다. 이를 책이나 영화와 같은 한 방향의 틀 속에 담아내는 건 그리 쉬운 일은 아니다. 일반적인 위인전은 사건을 시간에 매달아 현재로 당겨오는 속도와 기웃거림으로 나름의 교훈과 방향을 제시할 줄 안다. 하지만 때로는 영화 〈아마데우스〉(1984)처럼 일생의 단면을 다른 시각으로 해석하고 평가하고자 하는 사회의 시선도 분명 정답은 아닐 거다. 그가 무엇을 말하고자 하는지 그리고 삶을 회고하는 데 있어 적절한 정당성을 내세우고 있다면, 그건 3자의 시선에서 단지 읽어내고 덧칠할 수 있을 뿐, 이의 무게를 논한다는 것만으로도 다소 조심스럽기 때문이다.

장난감 박물관 '토이키노'의 대표 손원경(손원경 분)은 잔잔하지만 뜨거운 삶을 살아온 자신의 어머니 방행자(방행자 분)의 삶을 이야기한다. 그녀의 삶을 무겁게 꺼내 들면서도 전혀 심심치 않게 읽어낼 수 있도록, 화면은 그녀를 비롯해 주위의 많은 이야기를 담아내 보는 이의 몰입을 돕는다. 찢어진 사진 한 장에서 시작되는 이 이야기는 연출자이자 주연인 원경의 가족사를 쉽게 꺼내기 위해 곳곳에 의문부호를 가득 담아내는데, 이는 관객이 제3자의 시선에 멈춰 있지 않고 이야기 자체에 함께 뛰어들기를 바라는 마음이 담겨있어서다. 원경은 자신의 인생을 대부분 차지한 '장난감'을 '문화콘텐츠'로 표현하는데, 단순히 이를 아이들의 동심을 읽어내는 요소로 치부하기보다 성장적 의미에서 이해하는 사회문화적 영향력을 담고자 하는 의미가 엿보이는 부분이 아닐까 싶다.

이 작품은 다큐멘터리 장르답게 여러 인물의 인터뷰와 발자취를 담은 사진, 이야기를 서술하는 편지와 이를 설명하는 내레이션 등으로 화면을 가득 채웠다. 떨어져 지내며 어린 원경과 편지로 소통을 나누던 아버지의 이혼 통보에서 장난감을 꿈꿨다는 이야기는 제법 인상 깊게 다가온다. 그에게 장난감은 가까이하지 못한 아버지의 빈자리를 채워준 꿈이자 이상이었다. 성장 과정에 있어 현실의 부재를 이겨낼 수 있는 성장적 의미를 담고 있는 매개체라는 점에서, 단순히 놀이를 위한 도구가 아닌 사회문화적 콘텐츠의 의미를 더욱 띠고 있는 것으로 이해되기 때문이다. 아버지와 대화를 이어갈 수 있는 수단이자 미래를 기대하게끔 만든 이상적 도구였다는 점에서, 그가 부모의 이혼 소송 과정에서 '장난감'을 선택한 건 의외다. 결국, 그는 내레이션을 통해 이와 관련한 이야기를 풀어놓는다. 어찌 보면 이 아픔을 절대 잊을 수 없다는 결연한 의지가 드러나는 대목일 것이다.

공간을 가득 채운 갖가지 장난감을 뒤로하고 벽면에 '다다익선(多多益善)'이라는 선명한 글씨가 유독 눈에 띈다. 장난감 하나에도 많은 것들이 담긴다. 아이들에게 작고 효율적인 게 좋을까, 무조건 품에 가득 안을 수 있게끔 많은 게 좋을까? 원경은 이 순간 장난감을 모은 것에 대한 회의를 쏟아낸다. 삶의 흔적을 모으는 이 한 편의 영화 속에서 과거를 돌아보는 행위는 결국, 관객의 시선이 자신을 지나쳐 어머니 '방행자'에게로 향하게 만든다. 곧 그의 외로운 뒷모습이 하나의 글자와 겹친다. 이윽고 그가 내뱉는 '복수'라는 두 글자. 그가 어머니와 함께 유년 시절을 보냈던 '대원군 별장'은 관객에게 꽤 낯설다. 삶의 발자국이 어떻게 종국으로 달려가는지를 가장 잘 나타내는 스크래치가 아닐까 싶다. 감정의 치열함을 강하게 표현하고자 카메라는 때로는 가까이서 때로는 멀리서, 관객과의 거리를 적절히 조율하는데, 보는 이들과 적극적으로 소통하는 모습을 표현해 현장의 감정이 유난히 강하게 밀려든다.

어머니의 흔적을 뒤쫓는 과정에서 그녀의 삶의 행보를 어깨를 빌려 자주 클로즈업하고 있는 건, 미처 말에 담지 못한 그녀의 고단하고 외로운 세상과의 싸움을 제대로 표현한 부분일 것이다. 그렇게 화면은 아버지의 미국 유학 중 일방적인 이혼 통보에서부터 시작해 아들인 '원경'의 성장을 읽어내고, 또 연이어 그녀 '방행자'의 삶을 잇다가, 이내 손자인 '윤헌'의 현재 모습으로 향한다. 영화는 이처럼 인생의 발자국이 이어지는, 다시 말해 함께 붙어가는 삶의 단면을 곧게 그려가며 그 속에서 한 사람이 세상과 부닥쳐 싸워가는 삶의 치열함을 천천히 조금씩 관객 속으로 내재시켜 나간다. 그 한 가운데에 외로운 한 사람, 방행자의 인생이 존재한다고 주장하듯 말이다. 이 순간 관객에게 보이는 화면의 구석은 전혀 일방적이지 않다. 하나의 관점으로 이야기를 묘사하는 것 외에 다양한 굴곡의 선명함을 유지하고자, '방행자 개인전'을 방문한 그녀의 오랜 친구들과 원경의 조력자, 그리고 그들을 차가운 시선으로 응시하는 'K신문'을 가져와 그들의 속내를 뒤집는 모습은 직접적이지 않지만 분명 강렬한 한 방을 드러내길 원하는 의도일 테다.

힘겹고 외로웠던 방행자의 삶을 그린 이 영화는 단순히 '추모성'을 띤다거나 '고발성'을 띠는 작품만은 분명 아니다. 이야기 대부분은 남편의 이혼 통보, 삶의 터전인 대원군 별장의 상실, 'K신문'과의 오랜 싸움 등 거칠고 힘든 과정을 세세하게 그리지만, 오히려 영화는 이러한 부분을 제법 담담하고 굵직한 시선으로 읽어내고 있다. 남편과의 전화 통화에서나, K신문 관계자의 수차례 인터뷰 요청 거절 등에서도 알 수 있듯이, 삶의 일면은 마냥 소스라치듯 쉽게 정답을 얻어낼 수 없다는 점에서다. 때로는 어차피 일어날 일에 대한 낮고 침착한 대응 속에서도 그 안에 내재한 치열함이 존재하고, 그 치열함은 누구에게도 보이지 않지만 그만큼 자신이 겪고 이겨내야 할 숙제가 아닐까 싶다. 주인공인 '방행자'는 이를 숙명처럼 받아들이고 그렇게 불꽃을 태웠다.

마무리를 장식하는 '할머니의 선물'은 그래서 보다 크고 묵직하게 다가온다. 원경은 아들이자 할머니의 손자인 윤헌에게 할머니의 이야기를 전한다. 아직 어린 윤헌은 할머니가 하늘나라로 간 사실을 순순히 받아들이면서도 이에 담긴 이야기를 어떻게 이해할지 고민하는 듯하다. 그녀가 자신의 흔적을 찾아다니며 손자에게 설명하는 이 영상이 어린 윤헌에게 유의미한 메시지가 될 수 있을 때, 어쩌면 그는 좀 더 성장할 수 있는 길을 걷게 될 것 같다. 그리고 아버지의 눈물이 윤헌의 시야를 트여줄 때 이 영화의 가치는 더 높고 거세어지지 않을까. 사회는 여전히 한 사람의 인생을 외면하고 있다. 하지만 장난감이 모든 이들의 성장을 채워줬듯이, 그녀 '방행자'의 흔적 또한 우리의 성장에 힘을 보태어줄 것이다. 그들의 이야기, 아니 우리의 이야기는 그렇게 계속된다.

남들과
다른
하나의 답안

소셜 네트워크

The Social Network, 2010

순수한 사회관계를 놓고 궤변을 늘어놓는 건 현실에서만 통용되는 건 아니다. 흔히 국내에서 추억의 옛 아이템, '싸이월드'의 영향력을 많이 언급하곤 하지만, 개인적으로 학연의 특성이 반영된 동창회 사이트 '아이러브스쿨'이 당시에 짧고 굵은 파급력을 보여줬다는 생각이다. 그런 점에서 영화 속 한 마디 '기껏 보스턴대'라고 한다는 건 그놈의 학교 타령이 연줄에 급급해하는 우리나라에서만 불어대는 건 아니었던 것 같다. 한 사람의 주인공에게 스포트라이트를 들이대는 건 이야기를 이끄는 구성상 커다란 위험부담을 안고 간다. 인생을 조명하는 것과는 달리 특정 분야에 치중한다면 더욱 그럴 것이다. 이는 영화 〈벤자민 버튼의 시간은 거꾸로 간다〉(2008)처럼 신선하고 독특한 인생을 간접적으로 경험하는 것과는 전혀 다른 이야기이기 때문이다. 영화 〈소셜 네트워크〉(2010)는 같은 데이빗 핀처 감독의 작품치고는 의외로 주제를 큰 틀에서 형성시키지는 못한다. 차라리 마크 주커버그(제시 아이젠버그 분)의 생애에 보다 초점을 맞추던가, 혹은 그의 독특한 캐릭터에서 흘러나온 '페이스북'이 가진 특이 구조에 좀 더 카메라를 들이댔다면 어땠을까? 이도 저도 아니라면 어쩌면 그의 폐쇄적이고 이기적인 성격에 조명을 맞췄더라면 영화를 영화로써 받아들이는데 좀 더 쉬웠을 거다.

이 작품을 단면만 놓고 본다면, 영화 〈맹크〉(2020)의 이색적인 부분과도 크게 맞닿아 있지 않나 싶다. 〈시민케인〉(1941)의 극본을 작성하는 과정에서 캐릭터를 구성하는 하나의 요소로 얹혀 있듯 눈에 띄게 드러나는 그의 퇴색적인 표현이 마치 신의 얼굴을 연결하기 위해 양심과 자신을 바꿔버린 스스로를 묘사하고 있는 것 같아서다. 재밌는 건 두 작품 모두 이에 대한 색깔을 분명히 하지 않은 채 하나의 경계선에 자신을 살짝 걸쳐놓고 평가를 주관적인 것으로 바꾸고 있다는 사실이다. 다시 말해, 누구나 인정할 만큼의 객관적인 시선은 보기에 따라 해석하기에 따라 충분한 변호를 얻을 수 있다고 주장하는 듯한 화면이 작품 곳곳에서 쉽게 드러나 보인다. 관객을 교란하기 위해 영화 〈소셜 네트워크〉는 첫 장면부터 주인공 마크의 괴짜 같은 성격을 제법 강하게 주장하고 나선다. 여자 친구 에리카(루니 마라 분)와 마치 동문서답을 이어가는 듯 주제를 놓고 관심 없는 듯한 표정과 툭툭 던져대는 말투, 그리고 생각나는 대로 표현하는 그의 잘난 척은 그가 영화 속에서 어떤 인물로 설계됐는지, 그리고 앞으로 이야기가 어떤 방향으로 달려갈 것인지를 분명하게 제시하고 있다. 마구 던져버릴 땐 언제고 이제 와서 흥분으로 돌변해 '페이스매쉬'를 만들어 버린 그의 깨어있는 술주정은 본론을 꺼내기 전 가볍지만 강렬한 서론으로서 분명 충분한 듯하다.

영화 〈잡스〉(2013)의 주인공 스티브 잡스(애쉬튼 커쳐 분)도 비슷한 성향으로 스스로 하나의 캐릭터를 형성시켜

가는 과정에 집중했다. 그가 발명하고 탄생시킨 세상을 뒤바꾼 바로 그 제품을 묘사하는 게 주된 목적이 아닌, 그가 어떤 인물이었고 어떤 배경을 통해 세상 사람들의 주목을 받게 됐는지에 관심을 가졌기 때문이다. 이런 부분은 일견 중반까지만 해도 영화 〈소셜 네트워크〉의 마크와 비슷한 연출로 수식되지만, 후자의 마크는 어느 순간부터 자신이 달리는 이유를 잊어버린다는 측면에서 약간의 차이가 있지 않나 싶다. 제시 아이젠버그가 연기한 마크 주커버그의 표정은 명확한 목표를 화면에 담아내는 데는 다소 부족하다. 화면은 '페이스북'이 어떠한 실체로 사람들의 이목을 이끄는지조차 제대로 잡아내지 못했고, 거기에 그가 왜 이런 소송에 휘말려 스스로 결론을 내지 못하고 있는가에 대해서도 제대로 된 변명을 이어가지는 못한다. 그의 표정은 속사포처럼 빠르지만 허무하게 흘러가 버리는 그의 언변을 뒤로한 채, 창밖의 빗소리에 파묻혀 공허함을 드러낼 따름이다.

영화 속 인물 사이의 대화는 제대로 된 소통을 이어 나가기 어렵다. 그들이 주고받는 대화의 끝은 언제나 엇갈릴 뿐이다. 의중이 다소 단순하게 드러나는 다른 인물에 비해 마크의 경우 그의 검은 속내를 쉬이 찾기 어렵기 때문이다. 숀 파크(저스틴 팀버레이크 분)에 이끌려가는 인물의 모호성은 이전까지 형성한 마크의 이미지와는 딴판이다. 그래서 이 영화는 중반을 넘어서는 순간까지도 목표를 뚜렷하게 잡지 못하고 허우적대는 모습이다. 마치 영화 〈파운더〉(2016)가 그러했던 것처럼 주관적인 판단을 다시 한 번 객관적인 그것으로 돌려놓기 위한 밑밥을 깔아두는 것인지도 모르지만 말이다. 페이스북은 전 세계 수많은 이들이 이용하는 대표적인 SNS 매체가 됐지만, 이를 통해 우리가 원하는 행복을 찾을 수 있을지에 대한 물음표가 명확하게 뒤따르는 이유이기도 하다. 감독이 얘기하고자 한 건 인물이 아닌 '배경'이었고 '과정'이었다. 그 과정이 어떠했는지를 제3자에게 던졌을 때 제대로 된 답이 나오는지를 물어보는 거다. 물론 대중이 반드시 옳은 건 아니기에 영화 속에서 이에 대한 답은 철저히 유보적인 것으로 나타난다. 감독 데이빗 핀처는 당장 공정한 답을 원한 게 아니라 이에 대한 다양한 시선이 뒤따르길 요구하는 모습을 비추고 있는 게 아닐까 싶을 정도다.

에리카를 통해 '관계'의 소중함을 깨달았던 그가, 그리고 모든 걸 원래대로 조용히 돌려놓길 원했던 관계가, 왜 다른 부분으로의 연장선을 이어가지 못했는지에 대한 표현은 또 다른 이미지를 형성하는 부분이 아닐까. 너무나도 쉽게 숀 파크에 빠져들었고, 너무나도 쉽게 왈도(앤드류 가필드 분)를 홀대했다는 점 말이다. 그도 결국 돈의 가능성을 바라보고 있던 현실적인 인물이었을까. 아니 오히려 그는 페이스북 자체에 대한 관심과 애정이 누구보다 높았던 게 사실이다. 그래서 영상 속에서 영화 〈이미테이션 게임〉(2014)의 앨런 튜링(베네딕트 컴버배치 분)과 같은 열정의 표현이 잇따랐다면 하는 아쉬움이 남는다는 거다. 마크는 분명 열정이 있었고, 페이스북에 대한 강한 애착도 존재했다. 왈도와 에리카, 윙클보스 형제에 대한 그의 태도와 생각을 솔직하게 읽을 수는 없어도 데이빗 핀처 감독은 삶의 방향에 대한 올바른 인식을 올려둘 무대 정도는 만들 수 있었기 때문이다. 결국 에리카를 찾아 나서는 마크의 뒷모습은 현실 속의 그가 아닌 하나의 인물이 도대체 '왜' 그리고 '어떠한' 방향으로 달려가야 하는지를 분명하게 제시하는 부분이 아닐 수 없다. 영화 〈소셜 네트워크〉는 캐릭터를 표현하는 구성에서 개인적으로 매우 큰 아쉬움을 남긴 작품이지만, 연출자의 관점에서 남들과 다른 하나의 답안을 던지는 측면에서는 분명 나름의 개성을 가진 작품이 아닐까 한다. 더욱 풍성하고 다양한 이야깃거리를 끌어내지 못한 건 아쉬워도, 우리 삶의 길에 교과서 같은 방식을 제시하고 있다면 그건 분명 충분한 가치가 있을 것이다. 물론 똑같은 답안의 복사와 붙여넣기식으로 비치지 않는다는 전제가 있을 때 말이다.

빈자리를 대하는 정의

행복의 단추를 채우는 완벽한 방법

Sometimes always never, 2018

색의 분열은 지극히 농후하다. 색은 때로는 거울을 통해 잘 드러나는데 이는 자신을 바라보는 가장 올바른 도구이기 때문이다. 우리가 앞을 지향하는 건 스스로 세월을 멈출 수 없어서다. 이와 같은 구체적인 목적과 이유가 우리 삶을 옭매이고 계속해서 달리게끔 만들지 않나 싶다. 모두가 자기 내면에 빈 곳을 만들어둔다. 어쩌면 이곳은 영원히 채워지지 않는 곳간 같은 존재다. 사람들은 항상 이 공간을 채우기 위해 바삐 움직여 보지만, 이를 무엇으로 채울지는 개개인에 따라 차이를 드러낸다. 이곳은 그저 밑 빠진 독처럼 꾸준하게 채우고 비워질 뿐, 채우는 행위에 의미를 둔다면 비워지는 행위 또한 의미를 찾을 수 있지 않을까. 무소유의 가벼움이 아니라 '나'라는 존재를 구성하는 그것으로 말이다. 아마도 우리는 눈을 감게 되는 그 순간까지도 끊임없이 이를 위해 세상을 두리번거리게 될 것 같다. 그게 다른 누군가에게는 이해하지 못할 쓸데없는 사소함에 불과할지라도.

영화 〈행복의 단추를 채우는 완벽한 방법〉(2018)은 흡사 미장센의 대가 '웨스 앤더슨'의 스타일을 구사하듯, 색과 시선의 오묘한 교차를 자주 시도한다. 단순히 시각적인 개성만을 드러내고 있다기보다, 신scene마다 자신의 의미를 마주하고 싶어 했던 칼 헌터 감독의 독특함이 구체화한 게 아닌가 싶다. 이를 깊이 들여다보면 감독은 색과 시선을 통해 앨런(빌 나이 분)과 피터(샘 라일리 분), 그리고 잭(루이스 힐리 분)으로 이어지는 삼대의 영역을 명확하게 이어가고자 시도한다. 이는 세대의 차이를 드러내기 위한 이유일 수도 있고, 시선의 구분을 흐트러뜨려 정반대의 효과를 얻어내려는 방법이 될 수도 있다. 어찌 됐건, 화면 속에서 이러한 표현은 그들이 유의미한 대화를 하게끔 만들어주는 도구로서 그 존재를 탁월하게 드러낸다. 여기에 평면적인 것 이외에 입체적인 시선을 적절히 분산시키는 카메라 시선 또한 그 목적을 효과적으로 돕는다. 앞에서 언급한 웨스 앤더슨의 카메라 배열을 떠올리게 만드는 영역 파괴의 카메라 시선은, 수직과 수평 이외에도, 앞과 뒤, 좌와 우의 공간을 교차시키며 대화에 교묘하게 끼어들고 있는 모습이다.

처음부터 결론짓자면, 애초에 피터의 형은 나타나지 않을 존재로 여겨진다. 그는 앨런을 비롯한 여러 인물이 행위에 역동성을 부여하기 위한 목적으로 사용된다. 여기에 그의 등장은 오히려 방해될 뿐이다. 달리 말하자면, 그는 남은 가족들이 삶에 목적성을 얹어놓기 위한 제대로 된 도구로 작용한다. 앨런의 직업이 재단사로 설정된 점도 재미를 더하는 부분이다. 그는 둘째 아들 피터의 집에 찾아가 며칠간 묵을 때에도 자신의 양복 3벌을 가지런히 벽에 걸어두는데, 삼대로 이어지는 삶의 연결고리를 그대로 지향하는 모습이 아닐 수 없다. 양복에 관심을 보이는 그의 손자 잭은 할아버지의 도움으로 자신의 스타일을 바꾸고 이를 자신이 흠모해왔던 여자 친구와의 거리를 가깝게 만드는 계기로 이어간다. 개인에게 가장 알맞은 옷을 재단하는 재단사의 역할은 이처럼 손자를 대상으로 점차 그의 위치와 역할을 작은 게임기 앞에서 바깥으로 끌어낸다. 사실 앨런이 높은 관심을 보인 스크래블(Scrabble) 게임은 단어를 통해 삶의 직관성에 재미를 얹은 구성을 띤다. 인 듯 아닌 듯 아슬하게 이어가는 순간의 재미가 실제 그들의 삶을 가득 채우고 있는 것도 그렇다.

그러니까 그들이 얘기하는 일명 '짝퉁'에 대한 정의는 이 스크래블 게임에서부터 시작해야 한다. 처음부터 화면 속에는 짝퉁이 아닌 것들이 없었다. 진짜와 짝퉁의 아슬한 경계가 실제 우리 삶 속에 스며들어 있는 것처럼 말이다. 앨런과 피터의 대화를 구성하는 짝퉁에 대한 진실은 이 때문에 이에 대한 제대로 된 정의를 찾아볼 필요가 있다. 그런데도 사실 그들의 인생은 짝퉁이라고 해서 딱히 무언가를 해내지 못한 적도 없었고, 진품을 제대로 대체하지 못한 적도 없는 모습이다. 여기서 결국 우리는 그들이 클라이맥스까지 계속해서 찾아 헤맨 피터의 형의 존

'행복의 단추를 채우는 완벽한 방법'으로 표현된
영화의 원제는 삶의 답답한 순간을 때로는 가끔,
그리고 어떤 경우에서는 항상 인지하며 해석하고 이해할 여유,
즉 빈 자리를 진정으로 권유하고 있는 것으로 받아들여지기 때문이다.

재가 진품을 위장한 빈껍데기에 지나지 않았음을 이해하게 된다. 실질적인 '탕자(prodigal son)'의 모습을 구체화한 그는 실제 아무것도 하지 못했고 오히려 짝퉁 인생을 한탄한 동생 피터가 모든 무게를 지탱하고 있었다는 점에서다. 이런 점에서 영화가 말하는 메시지는 앨런과 피터, 그리고 잭으로 이어지는 모든 행위의 대물림에서 극명하게 드러난다. 우리 삶은 항상 부족한 부분을 갖추고 있고 이를 채우기 위해 행동한다. 앨런은 모습을 감춘 큰아들의 빈자리를, 피터는 자신에게 시선을 두지 않는 아버지에 대한 원망과 아쉬움을, 그리고 잭은 채 설계하지 못한 자신의 미래에 대한 정의를 앞에 두고 있는 것처럼 말이다.

이 때문에 주된 스토리 리더는 앨런보다 피터에게 좀 더 무게를 얹어놓는 모양새다. 앨런은 이미 딱딱하게 형성된 고집을 쉽게 무르는 시기를 넘어섰다. 그가 줄곧 찾아 헤매는 큰아들을 향한 시선에는 어떠한 목적과 이유도 존재하지 않는다. 반면 그의 둘째 아들인 피터는 시선을 아버지 앨런에게 고정하는 모습이다. 형식과 이유를 제쳐두고 그의 곁에서 아버지를 이해하고자 노력했지만 좀처럼 이해하지 못할 형국에 스스로 괴로워하는 역할이다. 그러므로 어쩌면 그는 이 영화에 딱 들어맞는 제대로 된 스토리 리더가 아닐 수 없다. 보다 구체적이고 보다 현실적인 이유가 분명하다는 점에서다. 결국, 짝퉁을 표방한 그의 모든 것들이 결말에 이르러 존재하지 않는 진품을 대신하게 될 때, 그는 아버지에 대한 이해의 시선을 비로소 완성한다. 이는 영화의 타이틀이 드러내고 있는 'sometimes always never'에서 보다 쉽게 이해할 수 있다. '행복의 단추를 채우는 완벽한 방법'으로 표현된 영화의 원제는 삶의 답답한 순간을 때로는 가끔, 그리고 어떤 경우에서는 항상 인지하며 해석하고 이해할 여유, 즉 빈 자리를 진정으로 권유하고 있는 것으로 받아들여지기 때문이다.

영화의 마지막 카메라 시선이 그들 사이에 한 자리를 차지하고 있는 '빈 의자'를 비추고 있는 건, 바로 이를 얘기하고자 하는 무언의 메시지일 것이다. 삶에 있어 '행복'은 늘 채워지지 않는 빈자리를 채우기 위한 갈망에서 비롯되지만, 그 갈망은 어찌 보면 맹목적이고 자기반성을 불러오는 또 다른 형식의 이해로 여겨져서다. 이 때문에 앨런은 자신을 채우고 있는 모든 것들을 짝퉁으로 인지하고 이의 존재와 가치를 온전히 받아들이지 못하고 있었으며, 이는 그의 아들 피터도 마찬가지였다. 아버지를 대하는 그의 생각과 태도 또한 자신 내면의 빈자리에 무언가를 구겨 넣고자 하는 이해의 결여에서 비롯됐다는 점에서다. 결국, 그들의 옆을 채운 '빈 의자'의 역할은 자신의 진정한 삶을 형성할 때 그 의미가 강조되고 있음을 영화는 진하게 얘기한다. 감독 칼 헌터는 우리 삶에 하나씩 빈 곳을 만들어 놓고 이를 대하는 제각각의 시선을 한곳에 모아 이를 새롭게 구분하고 정의하고자 했다. 어쩌면 이는 삶을 이해하는 또 다른 영역과 방식에 불과하지만, 우리가 행복을 정의하는 유의미한 행위라는 점에서 영화가 이야기하는 메시지를 달리 바라볼 수 있는 게 아닐까.

스타는 그렇게 타오른다

스타 이즈 본 A Star Is Born, 2018

일상에 휘몰아치는 이상을 향한 흐름은 잔잔한 연못에 퐁당 뛰어드는 작은 돌멩이처럼 짧고 굵다. 마치 형언할 수 없을 정도의 순간의 강약으로 인해 삶의 방향이 송두리째 뒤바뀌는 형국이다. 누구나 이상을 꿈꾸며 현실을 인내하지만, 그 누구도 자신이 이상에 가까워지고 있음을 깨닫지 못한다. 그저 마음으로 되새길 뿐 현실적 거리의 이동을 시각적 측면에서 채우지 못한다는 얘기다. 하나라도 걸리길 바라면서 혼자 중얼거리며 취업 원서를 이곳저곳에 던지는 그 순간도, 친구의 소개로 가볍게 소개팅에 나서는 순간마저도, 자신의 삶이, 그리고 운명의 나침반이 어떤 방향으로 향하고 있는지를 눈치채지 못하는 인생은 참 재밌다. 개인에게 있어 이는 삶을 이끄는 거대한 운명의 변곡점이지만 이를 결정짓는 순간은 너나 할 것 없이, 짧은 클릭 한 번 또는 옷깃 하나 정도의 스침만으로 지나쳐버리는 짧은 여정에 지나지 않을 것 같아서다.

앨리(레이디 가가 분)의 삶은 이처럼 자신의 이상을 실현하는 데 치중하면서도 이를 위해 현실을 감내하는 무거운 삶과는 분명 달랐다. 투박하고 거친 듯 삶의 투영을 적나라하게 비추지만, 그 속에는 충분히 자신을 이끄는 내적 무게가 강한 자신만의 색을 드러내고 있다. 물론 애초부터 '레이디 가가'가 가진 대중적 이미지를 영화 속에서 전혀 인식하지 않을 수는 없겠지만, 그런데도 극이 마지막으로 치달을 때는 또 다른 이미지를 드러내기 때문에 오히려 자신이 가진 많은 것들을 한편으로 과감히 내려놓았다고 생각해도 무방하겠다. 그래서 화면이 표현하는 앨리의 삶은 때로는 미래지향적이면서도 이와 동시에 삶의 안정감이 묻어나는 색깔이 강하다. 이 인생에 갑자기 뛰어든 잭(브래들리 쿠퍼 분)의 손길은 마치 물결을 잡아끄는 것처럼 순간적이고도 제법 거칠다. 이는 단순히 스타로서의 지명도를 갖춘 가수가 일상 속에서 가능성 있는 신참을 발굴해 스타로 만들고자 하는 성장 과정의 단순한 이야기와는 다르다. 오히려 어미 잃은 양처럼 잃어버린 자신의 길을 뒤돌아 찾게 만드는 거울과도 같은 영화의 색을 띠고 있기 때문이다.

이는 앨리가 매니저로 인해 내적 갈등을 겪고 방황하는 시점에서 잭과 그의 친구가 나누는 대화를 통해 쉽게 이해할 수 있다. 바다를 떠돌다 항구를 만나 잠시 쉬어가려 했지만 그게 삼 년이 되고 오 년이 되고 어느덧 본래의 목적지가 어디인지 잊어먹게 되었다는 그 얘기 말이다. 결국, 잭은 스타로서의 화려한 삶보다 스스로 내려올 때를 잊어버린 삶의 방황을 꿋꿋이 견디고 있는 스타의 참 뒷면을 냉철한 시각으로 묘사하는 역할이 더 어울린다. 같은 장면에서 그는 앞의 과거가 그렇게 중요한 게 아니라는 말을 덧붙인다. 현재의 순간을 즐기고 그 속에서 행복을 느끼며 자신의 삶에 만족하고 있다는 그의 낮은 목소리는 관객의 감정을 휘감을 수 있는 매력을 분명 갖췄지만 그런데도 그의 말이 진정성을 놓치고 있음을 이해하는 건 그리 긴 시간이 필요치 않다. 앨리가 대중적인 장르로 변모하는 걸 반대했지만 오히려 더욱 승승장구하며 스스로 인지도를 넓혀가는 모습을 보며 자신이 물러나야 할 때를 결국 찾게 됐기 때문이다.

이 때문에 그녀에게 급하게 만든 어설픈 반지를 끼워주며 프로포즈를 하는 장면은 당연히 우리가 생각하는 '구속'의 의미로 쉽게 연결된다. 이는 그의 간절한 바람이자 자신을 거두어달라는 무언의 요청이었다. 이를 계기로 그는 음악적 무게를 덜어내고 자신의 솔직한 몰락을 있는 그대로 표현한다. 계속해서 이어지는 삶의 붕괴는 각각의 신scene과 신을 무겁게 이어 나가고 영화가 지금까지 이끌고 왔던 음악적 선율의 이미지는 싹 지워버린 채 삶을 받아들이는 그의 태도와 퇴로를 찾는 시선에 초점을 맞춘다. 형인 바비(샘 엘리어트 분)와의 다툼도, 앨리의 매니저인 레즈(라피 가브론 분)와의 눈치싸움도 이러한 분위기를 한껏 돋우는 부분이다. 그가 앨리에게 건네는 '번데기가 나비가 됐네.'라는 비유는 어쩌면 그녀의 성장을 두고 애기한 게 아니라 자신에게 던진 솔직한 그의 마음이 아닐까 싶을 정도다.

영화는 이처럼 줄곧 앨리의 성장에 초점을 맞춘 듯 보여도 오히려 후반으로 치달을수록 그녀가 아닌 잭이 삶의 무게를 온몸으로 받아들이는 인생의 치열함에 무게를 둔다. 그가 떠나고 난 뒤 바비와 앨리의 대화에서 전해지는 잭의, "음악은 12개의 음이 한 옥타브 내에서 계속 반복되는 것일 뿐."이라는 말은, 결국 삶의 다채로운 모습도 알고 보면 그 안에서 벌어지는 형형색색의 반복된 움직임에 불과하다는 얘기다. 곰곰이 생각해보면 처음부터 영화가 드러내는 '스타 이즈 본(Star is born)'이라는 타이틀의 의미는 단순히 스타가 만들어지는 과정의 의미를 묘사하는 걸 넘어 잭을 통해 '삶'을 '표현'하는 과정의 연속적인 행위에 좀 더 무게를 둔다고 봐도 좋을 것이다. 얼핏 표현되는 앨리의 '스타'로서의 삶이 아닌 잭의 인생, 다시 말해 그의 일그러진 가족사와 술과 마약에 찌든 중년의 삶, 그 속에서 만난 그녀와의 사랑, 그리고 삶을 온전히 짓누르는 도피처로서의 가수의 무게도 함께 말이다.

사람들이 언제까지 들어줄지 신경 쓰지 말고 진정으로 하고 싶은 이야기를 하라고 그녀에게 건넸던 그의 말은, 무심한 듯 그리고 시기와 질투로 대변되는 듯 가볍게 보이지만, 사실 그 속에는 뼛속 깊이 울리는 그의 인생이 만들어낸 진한 멜로디가 담겨있다. 그가 말하는 스타의 완성은 결국 대중이 만드는 게 아니라 스스로 자신의 삶을 이해하며 하나씩 자신이 가진 모든 걸 천천히 내려놓을 때 비로소 완성된다는 사실을 그는 몸소 실천하며 화면 곳곳에서 표현해냈다. 이를 위해 그는 자신을 끝까지 붙잡고자 술과 마약에 의지했던 삶을 냉철히 뒤돌아보며 앨리에게도 더는 짐이 되지 않고자 주변을 정리하는 모습을 보인다. 영화가 표현한 낮은 톤의 이 마지막 장면마저도 오히려 무게를 덜지 않고 있음은, 주연 배우이자 연출자로서의 브래들리 쿠퍼가 영화를 통해 말하고자 했던 메시지가 무엇인지를 어렵지 않게 추측하도록 만드는 대목이기도 하다.

영화가 사용하는 화법에서 음악이 전하는 메시지 그 자체는 꽤 무겁고 강한 인상이다. 하지만 그 선율은 오히려 묵직함 대신 가사를 통해 한 구절 한 구절 강약의 파격을 느끼게 할 줄 안다. 배우들이 표현하는 각각의 감정은 대사와 연기보다도 숏 사이에 놓인 급격히 오르내리는 멜로디와 다양한 악기들이 이를 메워주고 있는데, 어쩌면 이 영화 속 아름답게 귓가를 때리는 많은 음악은 영화의 장면을 꾸며주는 배경의 역할을 넘어 대사에 담아내지 못한 또 다른 감정의 이미지를 그대로 이끌어 관객에게 전달하는 부분이다. 그래서 눈빛을 통해 읽을 수 있었던 마지막 그의 감정은 충분히 그 끝을 이해할 수 있을 만큼 솔직하지만, 이러한 솔직함은 오히려 관객에게 감정의 몰이를 소모하게 하는 역할을 하기도 한다. 영화는 러닝타임 내내 여러 인물이 뒤섞이는 이야기와 대화들로 스포트라이트를 받는 스타로서의 삶의 여운과 감정을 세밀하게 엮어내고 있지만, 오히려 뒤로 갈수록 스타가 과연 무엇인지, 그들의 삶이 팬들에게 미치는 것 이상으로 개인적인 삶의 성숙이 필요하다는 사실을 깨닫게 해준다. 영화는 말한다. 스타는 말과 행동보다도 시간과 마음의 위로를 통해 자연스럽게 완성되는 거라고.

오늘도 두 번째 하루를 살고 있습니다

초판인쇄 2022년 6월 16일
초판발행 2022년 6월 23일

지은이 이동기
발행인 조현수
펴낸곳 도서출판 프로방스
기획 조용재
마케팅 최관호 최문섭
편집 강상희
디자인 호기심고양이

주소 경기도 고양시 일산동구 백석2동 1301-2
넥스빌오피스텔 704호
전화 031-925-5366~7
팩스 031-925-5368
이메일 provence70@naver.com
등록번호 제2016-000126호
등록 2016년 06월 23일

정가 16,800원
ISBN 979-11-6480-214-2 03680

파본은 구입처나 본사에서 교환해드립니다.